JOURNAL

DE

PIERRIS DE CASALIVETERY

NOTAIRE ROYAL DE MAULÉON DE SOULE

(TEXTE GASCON)

PUBLIÉ ET ANNOTÉ POUR LA SOCIÉTÉ HISTORIQUE DE GASCOGNE

PAR

JEAN DE JAURGAIN

CORRESPONDANT DE L'ACADÉMIE ROYALE DE L'HISTOIRE, DE MADRID

PARIS	AUCH
HONORÉ CHAMPION	**LÉONCE COCHARAUX**
ÉDITEUR	IMPRIMEUR
5, quai Malaquais, 5	18, rue de Lorraine, 18

MCMVIII

ARCHIVES HISTORIQUES

DE LA GASCOGNE

DEUXIÈME SÉRIE — FASCICULE XIIIme

JOURNAL DE PIERRIS DE CASALIVETERY

NOTAIRE ROYAL DE MAULÉON DE SOULE

PAR JEAN DE JAURGAIN

INTRODUCTION.

Pierris de Casalivetery, notaire royal de Mauléon et greffier ordinaire de la cour de monseigneur l'official d'Oloron en Soule, traduisit en latin son nom de Casauvielh [1] qui lui venait d'un domaine rural de la paroisse de Lohitzun, berceau de sa famille. Son père s'était sans doute établi à Mauléon lors de son mariage avec une sœur du chanoine Sanz de La Salle. Il y fit souche de bourgeois.

Mossen Arnaud de Casauvielh de Lohitzun, caperan (prêtre), vraisemblablement oncle de Pierris, fut témoin d'un acte, avec Mᵉ Pierre d'Arraing, procureur du roi en Soule, et noble Guillaume-Arnaud, seigneur d'Arbide de Juxue et de la Salle de Gotein, le 3 août 1508 [2]; on le retrouve qualifié vénérable et discret homme maître Arnaud de Casauvielh, vicaire et official de l'évêque d'Oloron, le 7 octobre 1520, dans le procès-verbal de la réformation de la coutume de Soule, — à propos de laquelle il signa un acte d'opposition à l'article relatif aux ventes de dîmes : *A. de Casaliveteri, vicarius et officialis*

---

[1] L'équivalent basque de Casauvielh est *Etchezahar*.

[2] Arch. des Basses-Pyrénées, *Minutes de notaires de Soule*, non classées.

Olorensis in Seula[1], — et vénérable homme monsieur Arnaud de Casauvielh, prieur d'Ainharp, vicaire et official d'Oloron en Soule, le 14 janvier 1534 (n. st.), dans le testament de M⁰ Pierre d'Arraing[2], notaire royal et jurat de Mauléon, dont il fut l'un des exécuteurs testamentaires.

C'est tout ce que j'ai pu recueillir sur la famille de Pierris, en plus de ce qu'il en dit lui-même dans son journal. Il avait perdu ses parents et il semble qu'il était déjà d'un certain âge quand il se maria, en 1539, car ni son père ni sa mère n'interviennent, comme parrain ou marraine, aux baptêmes de ses enfants. Il dut terminer sa carrière vers le commencement de l'année 1547, puisque là s'arrête son journal.

Le manuscrit est d'une écriture cursive assez facile à lire et forme un petit cahier de papier, format in-octavo (26 cent. sur 17), bien conservé, moins le deuxième feuillet dont une déchirure a enlevé, de chaque côté, une partie de la première ligne. Un ami et parent très regretté, feu M. Adolphe de Çaro, qui trouva ce manuscrit, parmi d'autres vieux papiers, au grenier de son manoir d'Athaguy, à Alçay, voulut bien me le donner, il y a une vingtaine d'années.

Pierris de Casalivetery y relate son mariage, la naissance de ses enfants, le prix des denrées et les menus événements qui se produisirent à Mauléon de 1539 à 1546. Exerçant aussi la profession d'avocat[3],

---

[1] Arch. de M. Paul Labrouche, *Papiers d'Arnaud d'Oïhenart.*

[2] Arch. de la famille d'Arraing, aujourd'hui à Bordeaux, chez M. Bisquey d'Arraing.

[3] Le 19 avril 1543, Mᵉ Pierris de Casalivetery agissait comme procureur et avocat d'Arnauton d'Aguerregaray, de la *degaerie* de Domezain, dans une affaire que celui-ci avait contre noble homme Pedro, seigneur d'Abbadie

comme la plupart des notaires royaux de Soule, il enregistre dans son cahier le *Style de la cour de Licharre* [1], les rôles des feux anciens et des feux allumants du pays et un acte de défaut donné au parlement de Bordeaux, en 1541. Il y parle, enfin, d'une peste survenue en 1463, dont le souvenir lui a été transmis par ses grands parents, de diverses péripéties des guerres avec l'Espagne de 1512 à 1523, d'une famine qui dura de 1524 à 1533, de la bataille de Pavie et d'une inondation qui, en 1541, causa de grands dégâts dans la ville de Mauléon et aux environs.

La première page du cahier est en blanc et la pagination que j'y ai mise commence au verso du premier feuillet avec le journal proprement dit qui va jusqu'à la page 3, incluse; puis, viennent la copie du *Style de la cour de Licharre*, pages 4 à 14; les rôles des feux de Soule et une note sur le royaume de France, pages 15 à 20; les divers événements historiques racontés à la suite, pages 21 à 23; le *déluge* de Mauléon, page 24; la page 25 en blanc, et l'acte de *deffaut o utilité*, page 26; les trois dernières pages sont en blanc ou griffonnées de phrases informes.

Le journal de Pierris de Casalivetery n'est évidemment pas d'une importance capitale; pourtant les quelques renseignements curieux que l'on y trouve sur l'histoire locale ou régionale, et le *Style de la cour*

d'Ithorots, gentilhomme, qui « tenoit et possedoit une maison appellée d'Abbadie dudict lieu d'Iturrotz, etant de belle et grande estendue et des principales de ladicte degaerie » (Arch. du château d'Ithorots, ancienne abbaye laïque).

[1] Ce *Style* est antérieur de onze ans à la réformation de la coutume de Soule et de quatre-vingt-dix-huit ans au *Style de la chancellerie de Navarre* arrêté en 1607. Il s'en trouve une copie aux archives des Basses-Pyrénées, E 2390.

de Licharre, qui est un document fort intéressant, suffisent à en justifier la publication.

A propos de ce *Style* qui nous renseigne si minutieusement sur ce que pouvait coûter une procédure en Soule, depuis la poursuite jusqu'à l'exécution du jugement, il convient d'exposer comment se composait ce tribunal et quel en était le fonctionnement.

La cour, présidée anciennement par le vicomte de Soule [1], et ensuite par le capitaine châtelain de Mauléon ou son lieutenant, tenait ses audiences le mercredi et le vendredi de chaque semaine, sous un noyer de la paroisse de Licharre [2], d'où son nom de *cort de Lixarre* ou *cort deu noguer de Lixarre.* Les dix potestats et les autres gentilshommes, seigneurs des maisons nobles du pays, y siégeaient en bottes et éperons, l'épée au côté [3], sans être astreints à aucun examen ni à aucune autre formalité que celle de leur réception en qualité de juges-nés [4]; ils ne touchaient

[1] Il est fait mention de cette cour dans des lettres du 7 juillet 1359 par lesquelles Édouard III, roi d'Angleterre, confirma les privilèges des Souletins : ... *uc etiam eis concessisset quod castellanus Malileonis qui nunc est aut pro tempore fuerit, seu ejus locum tenens, prefatis habitantibus in omnibus causis et litibus teneatur eis de cetero facere debitum accelere jus et judicium curia sue de Lexarre ubi antiquitus consuetum existat,* etc. (Bibl. nat., mss., *Fonds Moreau,* vol. 654, f° 11).

[2] *Bag lo noguer, au loc acostumat; — debaig lo noguer de Lixarre;* — Licharre n'est séparé de Mauléon que par un pont jeté sur le gave. — Les États de Soule (*cort general d'orde*) se tinrent encore *dejus lo noguer de Lixarre, loc acostumat,* le 14 juin 1515; mais cet arbre antique mourut peu de temps après, et on éleva sur son emplacement une croix de marbre blanc qui existe encore aujourd'hui, près de l'hôtel de Maytie et de l'ancien hôtel de Troisvilles devenu la sous-préfecture. — Le noyer de Licharre eut, en Soule, le même rôle que le fameux chêne de Guernica en Biscaye.

[3] « Ils entrent au siege avec leurs espées au costé, les bottes et esperons aux jambes » (*Mémoire du syndic des avocats de Soule,* mai 1614, arch. de M. Clément-Simon, *Papiers du Domec de Chéraute*).

[4] Cette réception avait lieu lorsque le postulant devenait propriétaire d'une maison noble par héritage, par mariage ou par achat. L'héritière d'une maison noble en transmettait le nom et les armes à ses enfants.

pas d'émoluments. Le procureur du roi et le greffier de la cour assistaient aux audiences.

Les potestats n'avaient aucune prééminence sur les autres nobles de Soule [1], et la définition qu'en donne Du Cange [2] est absolument inexacte. La seule différence qu'il y ait jamais eue entre les potestats et les gentilshommes, c'est que les premiers devaient se rendre à la cour de huitaine en huitaine, tandis que les seconds n'étaient obligés de s'y présenter que de quatre en quatre audiences. En raison du service plus régulier auquel ils étaient assujettis, les potestats obtinrent, dans ce pays essentiellement pastoral, un droit de pacage plus étendu que celui des autres habitants.

Les gentilshommes et les potestats étaient tellement égaux entre eux que les sentences de la cour et les procès-verbaux des États les nomment toujours indistinctement, au xve siècle, sans en désigner aucun comme potestat : les uns et les autres y sont qualifiés *los honorables judjes gentius judjans*. Il n'y avait de préséance que pour les trois barons anciens du pays, le seigneur de Tardets, le seigneur de Haux et le seigneur de Domezain, constamment placés en tête, lorsqu'ils assistaient aux audiences de la cour ou aux séances des États.

[1] « ... Les potestats et juges-jugeans sont égaux en qualité et rang audit Lixarre, et n'y [a eu] jamais parmy la noblesse ou lesdits juges-jugeans et potestats aucune preference ny prerogative en lad. cour de Lixarre, [ains] ont esgallement droit d'assistance et voix avec le juge royal » (*Supplique de Gabriel d'Etchart, procureur du roi en Soule*, 27 mars 1612).

[2] « POTESTATES seu POTESTATS, in consuetudine Solensi, tit. 2. Majores vassalli feudales, qui tenentur semel ad minus singulis septimanis ad curiam Laxarrensem (Lixarrensem) venire, cum castellano Laxarrensi jus dicturi, Unde iidem sunt qui nostris *Pares* Curiae appelantur (*Glossaire*). » C'est évidemment d'après Du Cange que Lespy a avancé que le potestat était un noble de premier ordre dans le pays de Soule (*Dictionnaire béarnais*, t. II, p. 176).

Voici comment la coutume de Soule, réformée en 1520 [1], règle la composition et les attributions de la cour de Licharre :

TITRE II.

Des juges et de leur juridiction.

ARTICLE PREMIER. — Le châtelain ou capitaine de Mauléon qui est commis par le roi, conjointement avec les potestats et gentilshommes terres-tenant [2] dudit pays, à la première connaissance de toutes les

---

[1] On lit dans l'*Avertissement* de l'édition de 1692 (Pau, chez Jérôme Dupoux, imprimeur et libraire) : « *... Il y a lieu de s'étonner de ce qu'ayant été dressée en 1520, temps auquel le pays de Soule dépendoit de la couronne de France et du Parlement de Bourdeaux, on ne se servit point de la langue françoise, ou de la basque, qui est la langue vulgaire du pays ; mais cet étonnement cessera, si on fait reflexion que pour lors tous les actes publics s'y passoient en bearnois suivant un ancien usage. Monsieur de Marca insinuë la raison de cet usage dans son Histoire de Bearn au livre 5, chapitre 16, où il dit que vers la fin de l'onzième siecle un prince de Bearn nommé Gaston quatrième conquit la vicomté de Soule, et y établit le for et coûtume de Morlaas, par laquelle la plus grande partie du Bearn se regloit, d'où vient la grande conformité qui se voit entre cette coûtume de Soule et celle de Bearn. Il est aisé de comprendre que pendant les divers siecles que la Soule dependit du prince et de la cour de Bearn, les principaux dudit pays s'accoûtumèrent à parler la langue bearnoise et à s'en servir dans leurs actes publics, et que cet usage continua après qu'elle en fut distraite et réunie à la couronne de France, jusques à la publication de l'Ordonnance du roy François premier de 1539, qui ordonna en l'article cent onzieme, qu'à l'avenir on se serviroit partout de la langue françoise en tous actes publics, soit de justice ou de notaire* ».
Mais cette dissertation ne prouve que l'ignorance de son auteur. Si Centulle V, vicomte de Béarn, — et non Gaston IV, comme l'a cru Marca, — conquit, en effet, la Soule en 1086, elle fut reprise à Gaston IV, son successeur, vers 1103, par Guillaume-Fort II, vicomte de Soule, et ce n'est que trois siècles et demi plus tard que la maison de Foix-Béarn la posséda, à titre de gage, de 1449 à 1478. La Soule ne dépendit donc pas du Béarn « pendant plusieurs siècles », et cette possession ne fut pas d'assez longue durée pour que les Béarnais aient pu imposer leur langue aux Souletins. On ne trouve, d'ailleurs, que de vagues et rares analogies entre la coutume de Soule et le for de Morlàas, et Marca qui s'exprime d'une façon dubitative, base particulièrement son opinion sur ce que la coutume de Soule constate l'usage, dans ce pays, du poids et de la mesure de Morlàas. Bien que le basque fût la langue usuelle, on se servit du gascon en Soule et en Labourd pour tous les actes publics, judiciaires ou administratifs, parce que ces deux pays dépendaient de la sénéchaussée des Lanes, de même qu'on employait le castillan en Navarre, en Biscaye, en Alava et en Guipuzcoa. « La coutume de Soule — dit Jacques de Béla — a esté escrite en gascon non pas parce que la Soule despendoit du Bear, mais parce qu'elle despendoit des tribunaux des maire et jurats d'Ax et du juge de Gascoigne qui est le senechal des Lanes, lequel estoit et est encore presentement le conducteur de l'arriere ban de Soule » (*Notes manuscrites du XVIIe siècle*).

[2] C'est-à-dire seigneurs d'une maison noble.

affaires civiles et criminelles tant entre les habitants dudit pays qu'entre les étrangers, comme juge ordinaire; et assistent auxdits juge-ments lesdits potestats et gentilshommes qui sont juges-jugeant à la cour de Licharre. La pluralité des voix l'emporte, mais si, pour juger, les juges-jugeant sont contraires en opinion et qu'ils soient égaux en nombre, tant de l'une opinion que de l'autre, ledit châtelain ou capi-taine pour le roi, ou son lieutenant, émet son avis, et la voix de la partie à laquelle adhère ledit capitaine ou son lieutenant l'emporte et prévaut contre la voix de l'autre partie qui n'est point efficace.

Art. 2. — Et ledit châtelain ou capitaine qui est commis par le roi, ou son lieutenant, doit faire serment audit pays qu'il gardera et obser-vera et fera garder et observer les fors et coutumes dudit pays, admi-nistrera la justice également, sans aucune partialité ni acception de personne, gardera et défendra les manants et habitants dudit pays et chacun d'eux de tort et violence, de lui-même et de tous autres, de tout son loyal savoir et pouvoir.

Art. 3. — Audit pays de Soule sont dix potestats [1], savoir : le seigneur du Domec de Lacarry, le seigneur de Bimein de Domezain [2], le seigneur du Domec de Sibas, le seigneur d'Olhaïby, le seigneur du Domec d'Ossas, le seigneur d'Amichalgun d'Etcharry, le seigneur de Gentein, le seigneur de la Salle de Charritte, le seigneur d'Espès et le seigneur du Domec de Chéraute [3], lesquels sont tenus de venir à tout le moins de huitaine en huitaine à la cour de Licharre, tenir cour avec ledit capitaine châtelain ou lieutenant commis par le roi, et pour cette cause le seigneur et le pays leur ont octroyé pouvoir de mettre sur les herbages et eaux [communs] de Soule, chacun un troupeau de bestiaux etrangers en tout temps. Et le châtelain et capitaine commis par le roi en peut mettre deux. Il est à savoir que le troupeau de chaque potestat

---

[1] Le censier de 1377 ne mentionne qu'un seul potestat, bien qu'il y en eût plusieurs, dès lors : « Lacarry, l'ostau deu Domec es potestat et judjant ». — Je trouve, comme potestats, le seigneur de la Salle de Gotein, en 1446, et le seigneur de Casenave de Suhare, en 1497.

[2] Autre que le seigneur de Domezain. Il y avait dans cette paroisse, outre le château seigneurial, deux maisons nobles, Bimein et Garat.

[3] Une trentaine de gentilshommes, seigneurs de paroisses ou de maisons nobles, figurent dans le procès-verbal de la réformation de la coutume de Soule, en 1520, et parmi eux les seigneurs de Gentein, de Bimein, d'Espès, de la Salle de Charritte et du Domec de Chéraute, sans qu'ils y soient désignés comme potestats. En effet, ce mot n'était pas alors une qualification, il indiquait simplement le *pouvoir* qu'avaient certains gentilshommes d'introduire du bétail étranger dans les communaux du pays. Le roi ou le châtelain avait, d'après la coutume, le droit d'y mettre deux *potestats* de bétail étranger.

est du nombre de 120 brebis et le bélier, 60 porcs et le verrat, 30 vaches et le taureau, 15 juments et l'étalon, les petits qui tètent, nés dans l'année, ne comptant pas; et s'ils en mettent davantage, ils doivent être saisis; et un habitant du pays peut saisir une tête de bétail chaque jour et la nuit deux, car pour ce jour et cette nuit ils ne doivent être saisis par personne. Et les habitants doivent prendre desdits potestats actes des bestiaux qu'ils mettent audit pays, signés par ledit seigneur châtelain, ou son lieutenant, et enregistrés par le greffier de la cour de Licharre.

ART. 4. — Et chaque troupeau desdits potestats doit être tenu sous la garde d'un pasteur, suivant la coutume ancienne.

ART. 5. — Et le seigneur ne peut ni ne doit mettre à paître ni à herbager nul autre bétail étranger de dehors le pays de Soule, outre celui desdits potestats, dans les herbes dudit pays.

ART. 6. — Nul homme en qui tombe charge de *fermance vesialere*[1], qui au langage du pays est dit *sainhoa*[2] ne peut être juge en la cour de Licharre ni en aucune autre cour de Soule[3]. Aussi il n'a aucun

---

[1] Caution de la *besiau* ou communauté, sorte de messager paroissial. Il y avait dans chaque paroisse de Soule un certain nombre de maisons rurales dont les propriétaires étaient tenus, par coutume ancienne, d'exercer à tour de rôle et annuellement la charge de *fermance vesialere*. Le *fermance vesiale* était tenu de recouvrer les cotisations ordinaires et extraordinaires de sa paroisse et de les remettre au syndic général du pays ou au dégan de la déguerie dont cette paroisse faisait partie. Il convoquait les paroissiens au *toquessenh d'orde*, c'est-à-dire au son de la cloche, lorsque le dégan lui avait transmis le mandement d'assembler les États de la vicomté. Enfin il pouvait, comme les baïles, messagers et dégans, bailler des assignations verbales pour lesquelles il percevait un liard de salaire. Les gentilshommes ne devaient être mandés ou assignés que par les baïles et messagers. Il pouvait arriver qu'un gentilhomme fût seigneur d'une maison noble et propriétaire d'une maison rurale, et appelé, à raison de celle-ci, à remplir la charge de *fermance vesialere*. C'était durant l'année de l'exercice seulement qu'il se trouvait privé de siéger à la cour de Licharre, de tenir cour de *faymidret* et de lever taille sur ses *botoys*. — Aux États tenus le 2 juillet 1628, « le syndic remontre qu'à cause d'une mauvaise coustume qui s'est introduite au present pays d'eslire les degans au sort et les fermances vesiales à tour de maison, il arrive que souvent il y a des degans et des fermances vesiales du tout incapables et insolvables, et il requiert que, en pareil cas, les paroisses soient responsables et qu'on puisse, après discussion des degans et fermances, se prendre judiciairement à quelqu'un des plus aisés de la paroisse ». Il est répondu : « Sera deliberé plus amplement ».

[2] Du basque *zainu* (en béarnais *senh*), cloche. — Guilhem de Bayonnès, *campaner* (sonneur de cloche) de Mauléon, le 15 mai 1484, est qualifié *seynhoer* dans un autre acte du 16 septembre de la même année.

[3] C'est-à-dire dans les cours de *faymidret* des gentilshommes. Il y avait bien encore en Soule les cours inférieures des baillis royaux de Mauléon, de Barcus,

faymidret et ne peut lever taille sur ses *botoys*, supposé qu'il en ait un ou plusieurs.

ART. 7. — En toute matière de crime, de fonds de terre et autres d'importance, le seigneur ou son lieutenant peut faire mander par les messagers jurés, les potestats et les gentilshommes jugeants dudit pays au jugement de la cour de Licharre, et les défaillants, qui n'ont excuse légitime, encourent six sols de Morlàas d'amende envers le roi, qui font cinquante-quatre liards, par chaque fois qu'ils sont défaillants.

ART. 8. — Et peuvent être mandés les potestats de huitaine en huitaine et les autres gentilshommes de quatre en quatre cours, en matières civiles, et dans les criminelles extraordinairement, ainsi que l'affaire le requiert. Et pour cela le seigneur et les pays leur ont octroyé anciennement juridiction de *faymidret* [1] sur leurs *botoys et fivatiers* [2].

ART. 9. — Et le seigneur peut procéder à la judicature avec lesdits potestats et juges qui sont comparants ou présents, à lui assistants, nonobstant l'absence des défaillants [3].

La sentence était rédigée et prononcée en gascon, puis lue en basque par le greffier; mais les plaidoiries pouvaient se faire en cette dernière langue [4].

En terminant cet avant-propos, je remercie très chaleureusement mon excellent et savant ami M. Gaston Balencie d'avoir bien voulu prendre la

de Villeneuve-lez-Tardets et de Montory ; mais chacun de ces baillis rendait la justice avec les huit jurats de sa ville ou de son bourg.

[1] Justice seigneuriale de la maison noble sur ses censitaires. Le gentilhomme ou son baïle devait tenir cette cour avec au moins deux autres gentilshommes ; les appels ressortissaient à la cour de Licharre. Toutes ces cours de *faymidret* disparurent dans la seconde moitié du xvi° siècle.

[2] Censitaires. Les *botoys* étaient les censitaires d'origine de la maison noble, établis sur son fonds ; ils supportaient les charges du seigneur foncier qui pouvait lever taille sur eux dans certains cas ; les *fivatiers* étaient des censitaires créés, au moyen d'un affièvement, postérieurement à la fondation de la maison noble : ils ne devaient que le fief convenu.

[3] Coutume de Soule. En 1766, les états nommèrent huit commissaires pour la traduire en français et je possède une copie ancienne de cette traduction.

[4] « Las costumes de la ciutad d'Acqs et deu ressort dequere : ...Mauleon. Note que segont la costume de Mauleon de Soule la demande e la defense, si es demandat, se deu far en basquoas. Probe per lo cinquoau judyat » (Archives de Dax).

peine de collationner ma transcription avec le manuscrit et de corriger les fautes de lecture que j'avais
faites.

JEAN DE JAURGAIN.

CIBOURE, août 1908.

PIERRIS DE CASALIVETERY

L'an mil cinq cens trente nau et lo detzeme jour deu mes de may, jo Pierris Casaliuetery, notari real de Mauleon de Soule et et greffier ordinari de la court de monsenhor l'official d'Oloron en Soule, afferme et prengo per molhe et femme Maria de la Fargue, fille de feu Bernadon de la Fargue et Marianete de Chele, deudict Mauleon.

Item, lodict an, fo grosse penurie de viures et d'argent a cause que la monede de Bearn, per auant et alors ayant cors de detz dines tornes, fo descridade et metude au cors de deux arditz, et so per tout lo reaume de France, que fo une grosse plague per tout lodict reaume [1] Et, ladicte anneye, la conque [2] de froment se vendo a cinq franx bordales en lo pays de Soule, et los habitans deudict pays anaban sercar de froment en lo reaume de Nauarre.

---

[1] Un article du traité signé à Blois, le 18 juillet 1512, entre Louis XII et les roi et reine de Navarre, avait autorisé la libre circulation des monnaies de Béarn en France, pourvu qu'elles eussent le titre et le poids des monnaies françaises ; mais des malversations furent commises par les officiers de la Monnaie de Morlàas, et, en 1515, la cour du Sénéchal procéda contre eux : Menauton de La Mothe, maître particulier, fut condamné à une amende de 50 livres ; Jean d'Andoins, essayeur, à mort et à 500 livres, et Martin d'Andoins, garde, à l'exil et à 50 livres (H. COURTEAULT, *Le livre des Syndics des Etats de Béarn*, 2e partie, 1906, in-8°, pages 74 et 120). Il y avait eu, sans doute, de nouvelles fraudes à Morlàas, en 1539.

[2] Mesure de capacité équivalant à un peu plus de vingt-huit litres.

Item, en lodict an, per ung dijaus sanct, ung seryant d'Ax[1], se disent commissari real, vengo en la ville de Mauleon, et lodict jour de dijaus sanct, mercat deudict Mauleon, voulo meter en execution sa commission, so es sus la vintene[2] et nouelle imposition sus lo poble, et lo tout causant, mestre Jehan de Cheuarne, rector de Xeraute, filh de Chart de Mauleon[3] et procurayre de la maison de Gramond[4], et autres sons adherans volens applicar aquere a ladicte maison de Gramond, loquoau sergent, per los habitans de Soule lors estans en ladicte ville de Mauleon, fo batut et impedit de sa commission, *a furore populi deffende nos, Domine,* susque y aguoc grand proces entre mestre Menaud de Muret, procurayre deu rey en Soule, lodict sergent d'Ax, aperat Arnaud Hayssac, d'une part, et mestre Johan de Chugarry, sendic de Soule[5].

Item, lodict an, en viron la fin deu mes de decembre, Cha[r]les, rey de las Espanhes et emperado de Roma, per consentiment deu rey Frances, prumer de quest nom, rey de France, passac per France et anec a Flandres ont fec grosse justice contre los habi-

---

[1] Dax (Landes), ancien chef-lieu de la sénéchaussée des Lannes.

[2] Imposition du vingtième du revenu.

[3] Jean d'Etchebarne, curé de Chéraute, né à Mauléon, dans la maison d'Etchart (fils ou petit-fils de *Petiry d'Etchebarne, aperat Etchart, besin de Mauleon,* qui fut témoin d'un acte du 3 juillet 1494), était déjà recteur de Chéraute et procureur de l'évêque d'Oloron en Soule, le 7 octobre 1520. Dans une enquête du 1er juillet 1549, Jean d'Etchebarne, recteur de Chéraute, se dit âgé de quarante-huit ans et dépose qu'il connaît noble Roger, seigneur du Domec de Chéraute, depuis sa naissance, et qu'il a tenu un frère de celui-ci sur les fonts du baptême. Un *inventaire du trésor de Bidache* (xvie siècle, fo 76, archives de Jaurgain) contient cette mention : « Sac dans lequel est l'inventaire des meubles, immeubles, tiltres, documentz et aultres papiers de feu maistre Jehan de Chebarne, en son vivant recteur de Cheraulte et receveur de M. de Gramont ».

[4] La maison de Gramont possédait en Soule la baronnie de Montory, les seigneuries de Haux et d'Olhaïby, la Salle de Chéraute et l'abbaye laïque d'Abense-de-Bas.

[5] Me Jean de Chugarry, fils de Me Gracian de Chugarry, procureur du roi en Soule, présenté à la sacristie d'Ordiarp ou Peyriède (bénéfice ecclésiastique) par le prieur et les chanoines de Roncevaux, le 21 juillet 1535. On le retrouve qualifié noble homme Johan de Chugarry, sacristain de Peyriède, sieur de la maison d'Etchepare d'Erbiziri, à Musculdy, et syndic du pays de Soule le 6 février 1582. Il était encore syndic de Soule le 14 mars 1592. Le 11 septembre 1594, le chapitre de Roncevaux nomma Bernard d'Ithurburu sacristain d'Ordiap, en remplacement de Jean de Chugarry, décédé.

taus de Flandres et es[pe]cialment contre los de la ville de Gant, ville captale de Flandes [1].

Item, l'an apres, mil cinq cens quarante, fec si grosses calos et fort estiu que los rasins et autres fructz ensemps los arbles se burlan, mes non obstant asso y aguoc asses de vin.

Item, lodict an et lo vingt septeme jour deu mes de agost, en viron de las tres hores apres miey jour, nasquec Sans Casaliuetery, filh de my Pierris Casaliuetery et de ladicte Maria de la Fargue, et fo son payrin venerable home mestre Sans de Aula, ... [2] de monsenhor d'Oloron [3] et mon oncle, so es fray de ma may, et mayrie Graciana d'Arrainh, daune de Gordo de Mauléon [4].

Item l'an mil cinq cens [5]...

L'an mil cinq cens quarente ung et lo vingt septeme jour deu mes de jène, entre la tres et quatre hores apres mieye noeyt, nasquec Arnaud Casaliuetery, filh de nous susdictz, et fon payrin mossen Arnaud de Uturriagua, caperan de Vydos [6], et comay (sic) mossen Johan de Beheti, caperan de Garindeuh [7], los toutz vicaris deu susdict monsenhor d'Aula.

[1] Parti de Madrid le 12 novembre 1539, Charles-Quint fut reçu, à une heure de Bayonne, par le Dauphin, accompagné du connétable de Montmorency et du cardinal de Châtillon, le 27. François Ier alla au devant de son hôte jusqu'au château de Loches, où l'empereur arriva le 10 décembre. Charles-Quint quitta Paris le 7 janvier, prit congé du roi et de la reine de France à Saint-Quentin, le 20, et se dirigea sur Valenciennes, première place de la Flandre.

[2] Déchiré dans le haut d'une page.

[3] Me Sanz de La Salle, chanoine, nommé exécuteur testamentaire, avec noble Roger, seigneur d'Espès, Me Arnaud de Lassart, official, et Me Menaud de Muret, procureur du roi, par Me Enecot de Johanne, notaire royal et jurat de Mauléon, dans son testament du 31 mai 1538, fut pourvu de la préceptorie de Saint-Blaise, le 2 mars 1539. En 1540, il était sans doute prieur d'Ainharp et procureur de l'évêque d'Oloron en Soule, car Pierris de Casalivetery dit un peu plus loin que les chapelains de Viodos et de Garindein, qui dépendaient alors du prieuré d'Ainharp, étaient les vicaires de Sanz de La Salle.

[4] Gracianne d'Arraing, fille de Bernard d'Arraing, sieur de la maison du Balester de Mauléon, femme vers 1510 de Jean de Gordo, sieur de la maison de Gordo du cap de pont de Mauléon, fils de Menauton de Gordo et de Guirautane d'Ohix (mariés par contrat du 12 novembre 1482). Gracianne de Gordo, fille de Jean et de Gracianne d'Arraing, figure pour un legs dans le testament de Pierre II d'Arraing, sieur de la maison de Pierrès, de Mauléon, son oncle à la mode de Bretagne, le 14 janvier 1534 (n. st.).

[5] Ligne inachevée, dans le manuscrit.

[6] Viodos.

[7] Garindein.

. Lodict an, lo froment se bent a sieys solz et lo bin a tres dobles [1].

L'an mil cinq cens quarente tres et lo setzeme jour deu mes de septeme, a dues hores apres mieye noeyt, es estat nascut autre Arnaut de Casaliuetery, et es estat son payrin monsenhor Arnaut de Lassa[r]t, official et vicari general d'Oloron en Soule [2], et mayrie Marie de Casanaue, ma cosie germane. — Lo darrer jour deu mes de jun 1545, es estat mort [3].

En lodict an et temps, lo froment ere a vj solz et lo lot de bin [4] a setze ardits.

---

[1] Le double de Béarn valait 4 *ardits*, le double de France au soleil, 4 *ardits* et un denier tournois, et le double de France à la couronne, 4 *ardits*. — Le prix des denrées augmenta singulièrement en moins d'un siècle, puisque Louis XIII, par déclaration du 5 août 1622, modéra à 3 francs la taxe de la conque de froment de fief; elle valait environ 3 livres tournois en 1650. Les États de Soule taxèrent, le 2 juillet 1673, la conque de froment à 2 l. 12 s. 6 deniers, la conque de blé mêlé à 2 l., la conque de millet à 1 l. 15 s., la conque d'avoine à 1 l. 10 s., la conque d'orge à 2 l., la conque de grosses fèves à 2 l., la conque de petites fèves à 2 l. 5 s., la livre de chair de mouton à 8 s., la livre de chair de brebis à 5 s., la livre de chair de bœuf à 3 s. 6 d., la livre de chair de vache à 3 s., le pot de vin à 4 s. 6 d. à Licharre et de Licharre en bas, et dudit Licharre en haut plus 1 liard par lieu et par pot, la livre de truites, hors le carême, à 4 s., et en carême à 5 s.; le 1er mai 1777, les États fixèrent le prix de la conque de froment à 4 l. 15 s., celui de la conque de millet à 3 l. et celui de la conque d'avoine à 55 sols.

[2] Vénérable homme et discrète personne mossen Arnaud de Lassart, vicaire général de l'évêque d'Oloron et son official en Soule, fut l'un des exécuteurs testamentaires institués par Me Jean de Chugarry, notaire et greffier de la cour de Licharre, dans son testament du 8 mai 1535. Dans son testament du 31 mai 1538, Me Enecot de Johanne, jurat et notaire royal de Mauléon, qui le désigne aussi pour l'un des exécuteurs de ses dernières volontés, « ordonne que Me Arnaud de Lassart, official, en cas qu'il veuille demeurer et habiter en la maison dudit testateur, ait sa demeure et habitation en la maison dudit testateur, dite de Johanne, en se faisant la dépense, ou, si plus aime, en la maison appelée de Chimon, où à présent il demeure, auquel a laissé et legué ladite habitation à son option ». — Le 16 août 1555, Arnaud de Lassart, bachelier, recteur d'Arbonne et d'Ahetze, son annexe (au diocèse de Bayonne), vicaire général de Gérard Roussel, évêque d'Oloron, nomme Raymond de Ruthie à la cure d'Aussurucq, sur la présentation du procureur fondé de Bernard de Ruthie, conseiller du roi, abbé de Pontlevoy et grand aumônier de France, tuteur des enfants mineurs de feu noble homme Jean de Tardets, en son vivant seigneur de Ruthie.

[3] Cette mention de décès est écrite en marge.

[4] Lot, mesure de capacité équivalant à deux litres.

En lodict an et lo dilus de Pentecostes[1], au mieytant deu jour, es estat, per *punitione diuina*, burlade toute la bille de Nay[2].

Lo xiiij[e] deudict mes de septembre, an susdict, fe grand terre tremble.

L'an mil cinq cens quarente quatre et lo dimenge darrer jour deu mes de nouembre, jour de sanct Andreu, a dues hores apres miey jour, es estat nascut autre Sans de Casaliuetery, et son parin es estat mossen Sans de Casamaiori, rector de Chebar[3], et mayrie Marie d'Ohix, daune de Gracian[4], de Mauleon. Lodict an lo bin se bene a dotze ardictz et lo froment a tretze et quatorse solz.

Lodict an, los Angles an pres Bolonha la hauta et bassa sus la mar, per composition[5]. L'emperador Charles, rey de las Spanhes, ab grand poissance es estat per la Picardie ont fe grand domaige et ana a dues jornades de Paris, et per despuys lo rey Frances, prumer de quest nom, et lodict emperado fen pax[6].

L'[an mil cinq cens quarente s]eys[7] et lo quinzeme jour deu mes de jun, a tres ores de matin, nasco Viramonde de Casaliuetery, et fon compay mossen Arnaud de Cabau, prebende de Sancta Lucia[8], et comay Viramonde d'Ohixs, femme de mestre Gracian de Belac[9], et fo bateyade lo xvij[e] deudict mes, de matin. En lodict

[1] 14 mai 1543. Voy. sur la combustion spontanée de Nay, *Revue de Gascogne*, 1878, pp. 100, 148, 194 et 195.

[2] Chef-lieu de canton de l'arrondissement de Pau.

[3] Sanz de Casamayor, curé d'Etchebar.

[4] Marie d'Ohix, fille aînée de M⁰ Arnaud-Sans d'Oix, bailli royal de Mauléon, et de Saurine de Pemesplé, mariée à M⁰ Pierre de Barrèche, avocat, sieur de la maison de M⁰ Gracian, à Mauléon.

[5] Après six semaines de tranchée ouverte et après avoir soutenu huit assauts, Boulogne-sur-Mer se rendit par capitulation le 13 septembre 1544.

[6] Le 18 septembre 1544.

[7] Déchiré en haut de la page.

[8] Chapelle et confrérie, à Mauléon.

[9] M⁰ Gracian de Bélac, fils d'un laboureur de Saint-Goin, en Béarn, fivatier de la maison noble d'Aignan, serait venu s'établir en Soule comme *régent abécédaire*, d'après un factum du xvii⁰ siècle. On le trouve qualifié « bachelier ès droits » le 19 avril 1543, et dans son contrat de mariage, retenu par M⁰ Arnaud de Lahunsunarte, notaire royal, le 1ᵉʳ juillet 1543, avec Miramonde d'Ohix, troisième fille de M⁰ Arnaud-Sauz d'Ohix, bailli royal de Mauléon, et de Saurine de Pemesplé ; mais il paraît qu'il ne put produire ses lettres de bachelier. Il est dit *vesii* de Mauléon en 1549, substitut du procureur du roi en 1550, et praticien, puis syndic ordinaire du pays en 1553. J'ai eu entre les mains le prétendu collationné, à la fin du xviii⁰ siècle, d'un faux contrat de mariage de Gracian avec

temps, la conque de froment se vende a quatorze solz et la conque de mil a hoeyt solz et lo lot de bin gasco setze ardits et lo lot de bin nabarro a quatre dobles.

Lodict an, au mes de feure, per un mercat de Mauleon, la conque de froment ses vendut a xxij solz bons et la conque de mil et blat[1] a setze sols bons, et despuys dequia au mes de may, ses bendut la conque froment a xviij, xix solz, et la conque de mil et blat a quinze et a xiiij solz.

En lodict an et a la fin deu mes de may, de noeytz, fo bruslade la maison de Machin, de Mauleon, et au comensament deu mes de jun, per un dissapte[2], de noeytz, fon bruslatz viron de trente ou quarente maisons en la ville de Nauarrencqs[3], en Bearn.

En lodict an et au mes de feure, moric mestre Menaud de Muret, procurayre deu rey en Soule[4].

Miramonde d'Ohix, qui aurait été retenu par M⁰ Pez de Conget, notaire royal, le 8 avril 1546, et dans lequel on donne des qualifications nobiliaires aux parties. Gracian de Bélac eut trois enfants de ce mariage : Saürine, Claire-Jeanne et M⁰ Gérard de Bélac, licencié ès lois et bailli royal de Mauléon par provisions du 15 janvier 1577 ; étant huguenot, il s'empara aussi, durant les guerres de religion, de la charge de lieutenant de robe longue dont le titulaire était M. M⁰ Menaud, d'Arraing, catholique, son cousin germain, lequel fut rétabli par lettres royales du 4 octobre 1598. Gérard de Bélac avait épousé, par contrat du 19 septembre 1577, Catherine de Johanne, fille de M⁰ Jean de Johanne, lieutenant général de robe longue, destitué en 1568, et de Saurine de Majoraly ; il obtint avec sa femme le retrait lignager du Domec de Chéraute, par sentence de la cour de Licharre, du 4 mars 1588.

[1] Millet et seigle.

[2] 5 juin 1546.

[3] Navarrenx, chef-lieu de canton de l'arrondissement d'Orthez.

[4] Honorable homme M⁰ Menaud de Muret, sieur des maisons du Dauphin et de Burucoa, à Mauléon, jurat de cette ville, notaire royal en 1524, procureur du roi au pays de Soule de 1533 à 1546, fils de M⁰ Arnaud-Sanz de Muret, notaire royal et avocat, et de Gracianote d'Arnautgassiot, épousa : 1° avant le 21 septembre 1514 Gracianote de Berterèche, fille de M⁰ Gracian de Berterèche, de Lichans, notaire à Mauléon, et de Marie de Ruthie ; 2° Marie de Rutigoïty, veuve de noble Pierre, seigneur de la Salle de Sibas, encore vivant le 7 novembre 1525, fille de noble Pétrissautz, seigneur des maisons et gentillesses de Rutigoïty de Lichans et de Gorritépé d'Alçabéhéty, et de Miramonde du Domec aliàs de La Salle d'Abense. Par son testament fait à Mauléon, le 21 février 1546 (n. st.), Menaud de Muret manifeste le désir que son corps soit enseveli en l'église de Berraute, paroissiale de ladite ville, et dans la chapelle qu'il y a fait bâtir ; il institue héritier universel Jean de Muret, étudiant en l'Université de Toulouse, son fils unique du premier lit, et le prie et exhorte de vouloir prendre pour femme et épouser Marie de La Salle, fille de Marie de Rutigoïty, sa seconde femme, et héritière de la Salle de Sibas.

En lodict an et au mes de may, se marida noble Jean de Tardetz, cappitaine de Mauleon [1], ab [Johanne], filhe de noble Roger d'Espes, senhor deudict loc [2].

[1] Jean de Tardets, chevalier, seigneur d'Arangoïs, en Basse-Navarre, puis de Ruthie d'Aussurucq, en Soule, fils de Jean de Tardets, seigneur d'Arangoïs, écuyer de Jean d'Albret, roi de Navarre, et de Marguerite de Ruthie, fut attiré à la cour de France par Pierre, seigneur de Ruthie, son oncle, gentilhomme de la chambre du roi et lieutenant de la vénerie. Il fut gentilhomme de la vénerie en 1531, puis gentilhomme de la chambre de 1534 à 1549, à 600 livres de gages. Le 19 janvier 1534, François Ier mande au trésorier de son épargne de payer à Jean de Tardets, gentilhomme de son hôtel, 225 livres tournois pour un voyage que S. M. l'envoie faire en Allemagne, auprès de certains personnages de ce pays. Au mois d'avril 1540, en l'abbaye de Bonport, le roi accorde des lettres de naturalité à Jean de Tardets, seigneur d'Arangoïs, gentilhomme de sa chambre, « natif de Mixe, près de Garris, en la baronnie de Luxe, Basse-Navarre » (la maison noble d'Arangoïs était située en la baronnie de Luxe, près de Garris, au pays de Mixe). Le 23 mars 1542 (n. st.), François Ier confirme à Jean de Tardets la survivance de l'office de capitaine châtelain de Mauléon dont Pierre, seigneur de Ruthie, son oncle, était pourvu. — Jean de Tardets mourut avant le 14 janvier 1550, et, le 27 juillet 1551, Bernard de Ruthie, abbé de Pontlevoy, noble Roger d'Espès, seigneur d'Arzac, et damoiselle Jeanne de Ruthie, veuve relicte de feu Jean de Tardets, seigneur de Ruthie en son vivant, tuteurs de Tristan et Henry de Ruthie, fils dudit feu Jean de Tardets et de ladite damoiselle Jeanne d'Espès, firent procéder à l'inventaire des biens meubles et immeubles délaissés par ledit feu Jean de Tardets. — Jeanne d'Espès se remaria, après le 10 novembre 1565, à Jean d'Arbide, écuyer, seigneur de Lacarre, Gamarthe, Suhescun, Arbide de Juxue et la Salle de Gotein, alcalde du pays de Cize, dont elle eut aussi des enfants.

[2] Noble Roger d'Espès, seigneur d'Espès, de Gestas et d'Arzac, fils de Jean d'Espès et de Marquette d'Arzac, succéda à son père avant le 17 mars 1532. Veuf d'une première femme dont je n'ai pas retrouvé le nom, il se remaria, avant le 4 mai 1556, à Jeanne de Puyo, damoiselle, veuve de noble Mathieu d'Auga, seigneur d'Auga et d'Uzos, en Béarn. Le 18 décembre 1563, par acte de Jean Augirart et Vincent Maupoey, notaires au Châtelet de Paris, noble homme Me Firmin d'Erdoy, conseiller du roi et secrétaire de ses finances, suivant la cour de M. le connétable, procureur fondé de Roger d'Espès, écuyer, seigneur d'Espès et de Gestas, au pays et vicomté de Mauléon de Soule, de Jean de Berterèche, écuyer, seigneur des fiefs, moulin et dîmes de la maison noble de Berterèche de Menditte, en Soule, et de noble Arnaud d'Echauz et damoiselle Léonor de Tardets, sa femme, seigneur et dame des maisons nobles d'Ahetze et de Casamayor de Troisvilles, en Soule, vend à haute et puissante dame Diane de Poitiers, duchesse de Valentinois et de Diois, dame d'Anet et de Cheverny, pour et au profit de Tristan de Ruthie, fils et héritier de feu Jean de Tardets, seigneur de Ruthie : 1° les fiefs, terre et seigneurie de Gestas, moyennant 5.500 livres tournois ; 2° les fiefs, moulin et dîmes de la maison noble de Berterèche, moyennant 1.500 livres ; et 3° les droits sur la maison noble de Casamayor de Troisvilles, moyennant 2.000 livres. Ces biens étaient donnés à Tristan de Ruthie par la duchesse de Valentinois en échange de la terre de Cheverny qui avait été

En lodict an, ung religios de l'ordi de sanct Frances deu couvent d'Ortes[1] et filh de Rabastencqs, en Albiges[2], le caresme[3] predica contre lo voler de messire fray Girard Rossel, euesque d'Oloron[4], et auparavant et tous jours fo admonesta *sub pena excommunicationis et verbo « quam ferimus in his scriptis[5] »*, de no predicar sans lo conget deudict euesque, et lo poble menut tira la cadeyra[6] dehore la gleyse sur lo cymiteri, dont fon feytes informations tant contre lodict religios que Arnaut de Gentiu, cride de ladicte ville[7], Bernard de Baleste[8], Jehan de Lisaue, dict de Recolau, et Per Arnaut de Maytie[9], a requeste deu procurayre general deu rey a Bordeu.

cédée à cette dernière, le 26 août 1551, par Bernard de Ruthie, abbé de Pontlevoy, Roger d'Espès et Jeanne d'Espés, tuteurs dudit Tristan. Dès le 26 août 1551, la duchesse de Valentinois avait déjà donné aux tuteurs de Tristan la maison noble du Domec de Chéraute et ses dépendances, qu'elle avait acquises de Me Jean d'Obix, procureur du roi en Soule, le 13 juin précédent, pour 4.300 livres tournois. — Roger eut de son premier mariage : 1° Bernèse, héritière, mariée à noble Pierre, seigneur d'Auga, capitaine, fils de Mathieu et de Jeanne de Puyo; 2° Jeanne, mariée à Jean de Tardets, puis à noble Jean d'Arbide, seigneur de Lacarre; 3° Hélène, mariée par contrat du 10 juin 1559 à noble Roger de Lartigue, seigneur de Tachoires; et 4° Marie, femme du seigneur de Monget.

[1] Orthez, chef-lieu du cinquième arrondissement des Basses-Pyrénées.

[2] Rabastens, chef-lieu de canton de l'arrondissement de Gaillac (Tarn).

[3] 10 mars-24 avril 1546.

[4] Gérard Roussel, évêque d'Oloron, 1539-1555. Selon quelques auteurs, Roussel, né à Vaquerie, près d'Amiens, avait été religieux de l'ordre de Saint-Dominique, tandis que d'autres ont prétendu qu'il n'appartint qu'au clergé séculier. La qualification de *fray* donne raison aux premiers.

[5] Citation de la formule d'excommunication, entre guillemets.

[6] La chaire.

[7] Arnaud de Gentiu, *cride jurade* de Mauléon, c'est-à-dire crieur des jurats de la ville, dès le 15 juin 1530, était sans doute de la famille de *Peyroton d'Orbaitz, aperat Gentiu, besin de Mauleon*, qui fut témoin d'un acte le 12 avril 1468.

[8] Bernard d'Arraing, IIe du nom, dit du Balester, sieur de la maison du Balester, à Mauléon, fils de Jean d'Arraing, sieur du Balester, mort en 1535, et neveu à la mode de Bretagne de Me Pierre d'Arraing, sieur de la maison de Pierrès, jurat et notaire royal de Mauléon, qui, dans son testament du 14 janvier 1534 (n. st), déclare avoir une créance de 10 francs bordelais sur ledit *Bernard deu Baleste, son nebot.* — Bernard fut père de Pierre d'Arraing, marchand à Bordeaux, qui testa le 28 juin 1595.

[9] Pierre-Arnaud de Maytie, sieur de la maison de Maytie (située près du moulin du roi dont elle n'était séparée que par les maisons de Mouchette et de Larsun le jeune), et son fils aîné étaient fermiers de la dîme d'Aroue, appartenant à l'évêque et au chapitre d'Oloron, le 31 mai 1590. Il eut de son mariage

Et ausi fon feytes plusors informations còntre certans lutturiens[1] de Mauleon, et, au mes de jun, Pierris de Rospide, prebender, autrement dict Petricle, fo pres comme lutturien per mestre Jehan de Casalar, loctenent particular d'Ax, commissari real deputat.

_____

COPIE DE L'ESTIL DE LA COURT DE LIXARRE ET AUTRES ACTES CONSERNANS LA JUSTICE.

L'an de grace mil cinq cens et neuf et le xxvj[me] jour du mois de jung, A nous Bernard de Bordanave, licencié ez loix, lieutenant du nouble et puissant seigneur monseigneur le seneschal des Lannes, de la partie du scindic des manans et habitans du pays et viscompté de Soule, le procureur du roy joinct à luy, nous estans au chasteau de Mauleon[2], audict Soule, furent presentées et vaillées certaines lettres roiaulx contenentes commission à nous adressans, maistre Sans de Pemesplé, practicien dudict Mauleon, comparant comme syndic dudict pays[3], et maistre Jehan de Ayrose, substitué de l'advocat du roy en ladicte seneschaucée des Lannes, et maistre Pierre d'Arrainh, procureur du roy audict pays

avec Marie de Méharon : 1° Guilhemto de Maytie, bourgeois et marchand de Mauléon, marié par contrat du 3 septembre 1571 à Jeanne de Béhère, dite de Hégoburu, fille de Domenjon de Béhère et de Marquesine de Pérénaut, sieur et dame de la maison de Hégoburu, à Villeneuve-lez-Tardets, et 2° Arnaud de Maytie, évêque d'Oloron, 1598-1622. Celui-ci fit bâtir à Licharre le bel hôtel de Maytie, qui fut anobli en 1778. Cet hôtel a passé successivement, par des héritières, aux familles de Brosser, de Hégoburu, de Méharon, et, enfin, à celle d'Andurain à qui il appartient aujourd'hui.

[1] Luthériens.

[2] Le château de Mauléon, forteresse très importante au moyen âge, fut presque entièrement démoli, par ordre du roi, en 1642, et reconstruit en 1648, dans des proportions beaucoup moindres.

[3] M° Sanz de Pemesplé, sieur des maisons de Berhàa et de Petricoixia, à Mauléon, fils de M° Arnaud de Pemesplé, notaire royal, fut aussi notaire royal, lieutenant du bailli de Mauléon en 1512 et syndic de Soule de 1504 à 1535. Il épousa Marguerite du Domec de Chéraute, fille de noble Guilhemto, seigneur du Domec de Chéraute, et acquit, le 2 juillet 1516, de noble Tristan d'Ursua, seigneur de Gentein, la maison de Lapeyre, dite de Mounès, située à Mauléon. Il fut l'un des exécuteurs testamentaires de noble Pierre, seigneur du Domec de Chéraute, son neveu par alliance, mort le 10 juin 1535, et laissa de son mariage : Guimon de Pemesplé et Saurine, mariée à M° Arnaud-Sanz d'Ohix, bailli royal de Mauléon.

et vicompté de Soule [1], assistans audict scindic; desquelles lettres la teneur s'ensuyt :

« Loys, par la grace de Dieu roy de France, au seneschal des Lannes ou son lieutenant au siege d'Ax, salut. De la partie du scindic du pays et viscompté de Soule, nostre procureur joinct avec luy, nous a esté exposé que par ci davant ledict pays a esté occupé par moult long temps par les Angloys, lors adversaires de la couronne; et après qu'il en furent par puissance d'armes expellis [2], le seigneur de Bearn l'occupa ausi long temps [3], durant lequel temps et despuys, les gens du pays ont tousjours vescu en bandes et parcialités [4], sans y avoir aucun ordre ni forme de justice et jusques à puis n'a gayres que, au moyen de la police qui a esté donné[e] tant du vivant de feu nostre très chier seigneur et cosin le roy Charles huictiesme, que Dieu absolve [5], que despuys nostre

---

[1] Me Pierre ou Pées d'Arraing, premier du nom, sieur de la maison de Pierrès, à Mauléon, fils de Guilhemet d'Arraing et de Johannette de Garat, bailli de Mauléon en 1499, notaire royal, procureur du roi en Soule de 1506 à 1512, se maria, par contrat du 25 février 1483 (n. st.), à Domengine d'Aguerre, de Licharre, et succomba le même jour que celle-ci dans une épidémie, peu après le 2 décembre 1512, ainsi que le rapporte, plus loin, Pierris de Casalivetery.

[2] Les Anglais furent expulsés du pays de Soule, au mois de septembre 1449, par Gaston IV, comte de Foix et vicomte de Béarn, lieutenant général du roi de France.

[3] Jusqu'à la fin de 1478. Le 19 avril 1479, Madeleine de France, princesse de Viana, mère et tutrice de François-Phébus, roi de Navarre, comte de Foix et vicomte de Béarn, donne quittance à Louis XI, roi de France, son frère, d'une somme de 16,041 livres 13 sols 4 deniers tournois pour le rachat des château, terre et seigneurie de Mauléon de Soule, « qui pieça fut baillé au comte de Foix, aïeul de sondict fils, en gaige, pour la somme de 10,000 escus » (Bibl. Nat., mss., *Collection Clairembault*, vol. 127, original).

[4] Les factions de Luxe et de Gramont.

[5] Au mois de septembre 1497, Charles VIII envoya en Soule Robert de Balzac, sénéchal d'Agenais, avec une nombreuse troupe de gens d'armes et de piétons, pour y rétablir l'ordre. Profitant de l'absence de Guy d'Arpajon, vicomte de Lautrec, sire de Séverac, baron d'Arpajon et de Caumont, conseiller et chambellan du roi, capitaine châtelain de Mauléon et gouverneur du pays, qui favorisait la faction gramontaise, Jean III, baron de Luxe, Ostabat, Lantabat, Tardets, Ahaxe, etc., venait de s'emparer du château de Mauléon, de donner la charge de châtelain à Bernard de Navailles, abbé laïque de Lay, l'office de bailli royal de Mauléon à Pierre d'Arraing et de faire élire Sang de Pemesplé syndic du pays. Robert de Balzac fit faire le procès des coupables, décapiter Bernard, page de Jean, seigneur d'Espès et de Gestas, pendre un Béarnais nommé Portet, de Sus, et fustiger un nommé « lo Colombrine ». Par une sentence du 7 octobre, le sénéchal cita le baron de Luxe à comparaître en personne devant le roi le 8 janvier suivant, déclara contumax et bannis du royaume une centaine de

jóieux advenement à la couronne, lesdictes parcialités ont cessé et cessent de present. Mais, neanmoins, quant à la justice, tauxation des salaires tant de juges, greffiers et autres officiers et actes judiciariis n'y a esté ancianement pourveu, soubz umbre de quoy plusieurs exactions se font de jour en jour sur nous subgectz et pouvre peuple, au tres grand grief, prejudice et dommage de la chose publicque, et plus seroit si par nous n'estoit sur ce pourveu de remede de justice convenable, si comme dict ledict expousant, requerant sur ce provision. Pour ce est-il que nous, ces choses considerées, desiderans nous subgectz estre entretenuz en bonne police et les relever de toutes exactions, vous mandons et, pour ce que dudict pays vous estes nostre plus prochain judge, commectons par ces presentes que, appelez nous officiers et plus expers practiciens et aultres qui appartiendra audict pays et communication par eulx à vous faicte de leur forme accoustemée estre tenue audict pays sur le faict de la justice, reduisez tout ce que verrez estre contre noz ordenances, bon ordre et justice ausdictes ordedances et bon ordre, et selon icelles faictes le tout entretenir, garder et observer, en faisant ou faisant faire expresse inhibition et deffence de par nous generalement, sur certaines et grandes peines, de ne contrevenir ausdictes ordenances et estille que sur ce sera par vous ordonné. Et affin que aucun n'en puisse pretendre juste cause de ignorance, faictes tenir et garder lesdictes ordenances en la court dudict pays et enregistrer, se que par vous aura esté sur ce faict, car ainsin nous plaist-il estre faict, nonobstant quelconques lettres subreptices impetrées ou à impetrer à ce contraires. Mandons et commandons [que] à tous nos justiciers, officiers et subjetz que avés, vous, commis et depputés, en ce

gentilshommes, bourgeois et paysans, la plupart de la faction de Luxe, parmi lesquels Sanz de Pemesplé, Pierre d'Arraing et Gracian de Berterèche, de Lichans, notaires, confisqua leurs biens et ordonna de raser plusieurs maisons, entre autres celle de Pierre d'Arraing, « en détestation des crimes commis par leurs propriétaires ». Ne voulant pas rester sous le coup de ces condamnations, les Luxetins réunirent leurs forces et, le 11 février suivant, Bernard de Navailles s'empara de nouveau de Mauléon, chassa les officiers que le sénéchal d'Agenais y avait laissés, se fit remettre les procédures et informations faites contre les partisans du seigneur de Luxe, et relaxa ceux qui se trouvaient dans les prisons du château. La mort de Charles VIII assura l'impunité de ce coup de main, car Louis XII maintint les Luxetins dans leurs charges et offices.

faisant, soit obey. Donné à Bourdeaulx le xvj^e jour de jung l'an de grace mil cinq cens et neuf et de nostre regne le xij^e. Ainsin signé, par le conseil : Mosnier ».

Requerans par l'organe dudict d'Ayrose estre par nous procedé à l'execution et interinement d'icelles selon leur forme et teneur, lesquelles lettres par nous reveremment receues et faictes lire par maistre Guillaume de Bodigue, greffier de la court de ladicte seneschaucée, nous offrismes faire le contenu en icelles avec le conseilh et oppinion des officiers du roy en ladicte seneschaucée, au siege d'Acx ; toutes foys, pour mieulx y proceder, appunctames que ledict scindic, avec l'advis et opinion des aultres practiciens dudict Mauleon, nous bailleroit par declaration les causes qui leur sembleroit ne estre raisonables, en ensuyvant la tenur desdictes lettres, et ce dedans quinzene prochain venant, pour, ycelles veues, estre procedé à ladicte reformation, police, estile et tauxe, ainsi que de raison. En satisfant auquel appoinctement, lesdictz impetrans nous ont baillé par escript ladicte declaration signé[e] de quatre practiciens et du greffier de la cour dudict Soule, ainsin que s'ensuyt :

« C'est la declaration de la coustume et maniere tenue et gardée au pays et viscompté de Soule, touchant la police et tauxe judiciaris, que met et baille par devers vous honnoré et saige homme monseigneur maistre Bernard de Bordanave, licencié ez lois, lieutenant de monseigneur le seneschal des Lannes, commissaire royal en ceste partie depputé, le scindic des manans et habitans dudict pays et viscompté, le procureur du roy nostre seigneur joinct à luy, afin que icelle veue par vous mondict seigneur le lieutenant et commissaire, soit procedé à la reformation desdictz police, estille et taux judiciaires dudict pays, ainsi que par raison verrés estre affaire, à la moindre foule du pouvre peuple que faire se pourra, en suyvant le contenu de vostre commission, à ces fins et aultres plus pertinentes, selon la matiere subjecte. Faict et donné la declaration ainsi que par articles s'ensuyt :

« Et premierement ledict scindic presuppouse le contenu de ladicte commission par luy impetrée estre vray et le verité tout notoire, etc. (sic)

« Item, pour mieulx entendre ladicte declaration, que audit

pays de Soule, chascune semaine, a deux cours, l'une le dimercles appellée vulgairement la court de fontz de terre, et l'autre le vendredi pour entendre chascunes lez choses de justice.

« Item, et ladicte cour de fontz de terre se tient les jours de mecredi en laquelle se tractent seulement les actions et matieres civiles vulguarement appelez de fontz de terre, et ausi se tractent les matieres crimineles, *quando agitur de crimine criminaliter, vel crimine criminaliter ad requestam procuratoris regis;* mesmement se tractent et expedient en ladicte court de fontz de terre quant il est question de opposition à l'execution dez lettres esmanées et deppendantes de ladicte court.

« Item, et en ladicte court que l'om appelle dez citations, laquelle se tient de huict à huict jours, le vendredi, se tractent et expedient les actions et matieres personnelles seulement.

« Item, et le taux de ladicte court de fontz de terre est tel que en toutes matieres et actions qui seront entroduictes en icelle court *criminaliter vel civiliter* par seule introduction, *sive sequatur sentencia diffinitiva, sive non,* les parties litigantes paient aux accenseurs[1] du domaine du roy cinquante quatre arditz tornes, et au greffier d'icelle court quarante cinq arditz. Reste quant aucun est convoqué à requeste du procureur du roy, à cause de aucunes esmendes qu'il entend demander, que l'om appelle vulguairement *loix et paroiens*[2] *:* si tel deffendeur et convoqué incontinent se j veult soubzmetre, n'est tenu payer, sinon seulement audict greffier son acte, qui est six arditz bordales.

« Item, et en oultre ce, pour chascun appoinctement et sentence interloquutoire, item, où il y a ferme et contre ferme, paient lesdictes parties autant comme pour ladicte introduction.

« Item, pour examiner chescun tesmoing, ledict greffier prent et a neuf arditz, tant en ladicte court de fontz de terre que en la court dez citations et en toutes aultres matieres criminelles et civiles *indistincte,* et les judges desdictes cours n'ont rien pour ledict examen.

[1] Fermiers. — Le domaine du roi était habituellement affermé au capitaine châtelain ; Menaud de Béarn, Pierre de Ruthie et Jean de Tardets-Ruthie, capitaines châtelains de Mauléon et gouverneurs du pays de Soule, en furent successivement les fermiers de 1518 à 1549.

[2] Amendes pour contusion, de *paroent,* contusion en béarnais.

« Item, pour le double de une enqueste faicte a requeste de une partie, ledict greffier a neuf arditz, soit enqueste grande ou petite.

« Item, pour le double de ung instrument ou autre piece grande ou petite produicte en aucune desdictes deux cours, ledict greffier a neuf arditz. · ·

· « Item, pour chascun acte plaidoié ou non plaidoié, ledict greffier a, en ladicte court de fontz de terre, six arditz.

« Item, et les advocatz de ladicte cour de fontz de terre ont pour chascune declaration, soit l'acte plaidoié ou non, six arditz.

« Item, et au regard de l'autre court que l'om appelle des citations, les accenseurs dudict domaine ont pour chacune cause introduicte en icelle court, *sive sequatur sentencia, sive non,* neuf arditz. Et pour chacun appoinctement, s'il y a ferme et contre ferme, neuf arditz, Et ausi le greffier, tant pour ladicte introduction que pour lesdits appoinctementz, trois arditz, *dum tamen summa non · ascendat decem fs. burd. quia eo casu,* lesdicts accenseurs ont, tant par ladicte introduction que ausi pour les appoinctementz interloquutoires de la ferme et contre ferme, pour chacun cinquante quatre arditz, ledict greffier quarante cinq arditz, comme en ladicte court de fontz de terre.

« Item, et pour chacun acte plaidoié ou non plaidoié, si la somme est de dix francx bordelois au dessoubz, ledict greffier à trois jacques [1], et s'il et [2] de dix francx au dessus, ledict greffier a six arditz, comme en ladicte cour de fontz de terre.

« Item, pour chacun deffault octroyé esdictes cours de fontz de terre et des citations, lesdicts accenseurs et greffier font paier tant come pour les introductions ou sentenses respectivement.

« Item, et quant aucun personadge est ajourné par tesmoing à requeste de aucune partie et il est deffaillant et contumax, font paier lesdictz accenseurs et greffier tant comme pour la introduction de ladicte cour de fontz de terre.

· « Et affin que par vous mondict seigneur le lieutenant et commissaire soit attribué et à justice foy à ladicte declaration, a esté signée par nous procureur, scindic et practiciens desdictes

---

· [1] Le sol *jaquès* était une monnaie de compte de Jaca, en Aragon, souvent employée en Navarre, en Soule et en Béarn jusqu'au xviiie siècle.

[2] *Sic,* pour : si elle est.

cours dessoubz signées. — Ainsi signés : P. DE ARRAINH, procureur ; S. DE PEMESPLÉ, scindic dessusdict ; G. DE BERETERECHE [1],
A. D'OHIX [2], J. DE CHUGARRY, greffier [3]. »

[1] Me Gracian de Berterèche, de Lichans, notaire, marié à Marie de Ruthie,
fille naturelle de messire Menaud de Ruthie, chevalier de l'ordre de Saint-Jean
de Jérusalem, commandeur de Berraute, en Soule, et d'Irissarry, en Basse-
Navarre. Le 14 juin 1482, Me Gracian de Berterèche, de Lichans, s'oblige à
payer au trésorier de l'évêque d'Oloron une somme de 77 écus pour l'arrentement, pendant un an, de *la notairie* de l'officialité et du vicariat de Mauléon ; il
donne pour cautions Me Guicharnaud de Berterèche, notaire royal, de Lichans,
son frère, et noble Guilhemto, seigneur du Domec de Lacarry. Le 19 septembre
1483, le même Me Gracian, notaire, reconnaît devoir à Ramon deus Coteres et
Me Jean de Castagnède, notaires des cours du vicariat et de l'officialité de *la
sede principau* de l'évêque d'Oloron, et au trésorier de celui-ci, 77 écus pour
l'arrentement, pendant un an, des notariats de ces cours dans le pays de Soule,
en présence des honorables Mgr Bernard de Barcus, official de Soule, Jean de
Troisvilles, recteur de Troisvilles, et Me Guixarnaud d'Arabéhère, d'Aussurucq,
notaire. Il eut de son mariage : Gracianote de Berterèche, première femme de
Me Menaud de Muret, notaire royal et procureur du roi en Soule.

[2] Me Arnaud-Sanz d'Ohix, fils de Me Guicharnaud d'Ohix, notaire royal, fut
aussi notaire royal, receveur ordinaire pour le roi en la sénéchaussée des Lannes,
puis bailli royal de Mauléon en 1532. Il épousa Saurine de Pemesplé, fille de
Me Sanz de Pemesplé, syndic général du pays de Soule, et de noble Marguerite
du Domec de Chéraute, et en eut : 1° Pierre d'Ohix, procureur du roi en Soule
en 1553 ; 2° Jean d'Ohix, procureur du roi, en 1551 ; il obtint, par sentence du
1er juillet 1549, le retrait lignager du Domec de Chéraute, vendit cette maison
noble à Diane de Poitiers, duchesse de Valentinois, le 13 juin 1551, et mourut à
Paris, en 1552 ; 3° Marie d'Ohix, femme de Me Pierre de Barrèche, avocat ;
4° Marguerite d'Ohix, mariée à Me Sanz d'Arraing, notaire et bailli royal de
Mauléon, puis lieutenant général de robe longue en Soule ; 5° Miramonde
d'Ohix, mariée par contrat du 1er juillet 1543 à Me Gracian de Bélac, praticien,
substitut du procureur du roi en 1550 ; 6° et Catherine d'Ohix, seconde femme
de Me Enecot de Sponde, conseiller et secrétaire de la reine Jeanne d'Albret.

[3] Me Jean de Chugarry, notaire et greffier de la cour de Licharre, fils de
Me Johannot de Chugarry, notaire royal, et de noble Bertrande de Jaurgain
d'Ossas. Dans son testament fait au cimetière d'Ordiarp, le 8 mai 1535, il déclare
vouloir être enterré dans le cimetière de la maison de Thomalin, à Mauléon, où
a été enseveli le corps de sa mère ; il fait des legs pies à Notre-Dame de
Sarrance et aux litanies de Berraute, de Saint-Pée d'Idaux et de Saint-Michel
d'Ordiarp, à l'œuvre de l'oratoire de Marie-Madeleine d'Arraigné et à Sainte-
Engrâce des Ports ; il a acquis, par contrat du 5 avril 1502, les lieu et place de
maison de Thomalin, à Mauléon, pour 250 francs bordelais, et y a fait bâtir une
maison toute neuve des fondements en sus, dont la construction lui a coûté
2.200 francs bordelais ou plus. Au mois d'avril 1519, le testateur prit (de nouveau) à arrentement de Menaud de Béarn, capitaine de Mauléon, alors fermier
du domaine du roi pour dix ans, l'office de greffier et notaire de la cour de
Licharre ; mais lorsqu'il entra en possession, Me Arnaud-Sanz d'Ohix, Me Sanz
de Cabau et ledit Menaud de Béarn voulurent le spolier et user de voies de fait

Laquelle declaration par nous veue et consultée avec les autres officiers du roy et praticiens, ensemble certaines aultres remonstrations, avons faictes, pour le bien du peuple dudict pays de Soule, l'estille et ordonnances qui s'ensuyvent :

1. — Premierement quant aus deuxiesme, troisiesme et quatriesme articles de ladicte declaration faisans mention de tenir las cours des causes de fontz de terre de quinzaine à quinzaine le mercredi et ausi les matieres criminelles audict jour, avons ordonné et ordonnons que doresanavant les procès dez crimineux, mesmement qui seront prisoniers, se feront de jour en jour et plus briefvement que faire se pourra, appellés les officiers du roy, les judges et praticiens qui se pourront aisement trouver, jusques à la sentence diffinitive exclusivement. Et à la sentence diffinitive seront appellez tous les judges dudict pays à la maniere acoustumée, et, s'il y a aucuns deffaillans, le cappitaine ou son lieutenant, avec les judges qui y viendront, pourra donner la sentence, nonobstant l'abscense dez deffaillantz.

2. — Item, et touchant les causes de fontz de terre et ausi des citations qu'on appelle personnelles, elles seront tractées aux cours ordinaires tenues chacune sepmaine, le plus briefvement que faire se pourra, sans attendre la quinzaine, et n'y aura difference à donner audiance en une court à une cause plus que à aultre, ains seront avancées les causes de fons de terre et autres qui seront de importance, autant ou plus que les personnelles et de petite valeur, affin que sur le toit soit faicte briefve justice.

à son égard ; il en appela à la cour du parlement de Bordeaux, qui le réintégra dans son office et condamna ses adversaires à lui rendre et payer tous les fruits, profits et émoluments des années 1521, 22, 23, 24, 25, 26 et 27, jusqu'à sa réintégration, qui eut lieu le 21 septembre, par Mᶜ Jean Leclerc, premier huissier de ladite cour de parlement, commissaire député pour l'exécution de l'arrêt. Il désigne pour ses exécuteurs testamentaires : le vénérable homme et discrète personne mossen Arnaud de Lassart, vicaire général et official de l'évêque d'Oloron en Soule, mossen Garcie d'Urruty, de Sauguis, prêtre, nobles Pierre-Arnaud de Tardets, seigneur d'Ahetze, et Pierre, son fils et héritier, Mᵉ Arnaud d'Iriart, d'Erbiziri, notaire, et Alemane d'Ahetze, femme de ce dernier, noble Jean, seigneur d'Olloqui, en Navarre, habitant alors à Ordiarp, paroisse de Peyriède, et noble Arnaud, seigneur de Jauréguiberry de Libarrenx. Il s'était marié deux fois et avait eu de sa première femme, dont j'ignore le nom : Gracian de Chugarry, procureur du roi en Soule, et Arnaud de Chugarry, avocat et notaire royal. Marie de Cibits, sa seconde femme, ne lui donna qu'une fille : Marie de Chugarry.

3. — Item, et au regard des introductions des causes de fonz de terre et aultres pour lesquelles l'om a accoustumé paier aux accenseurs du domaine du roy cincquante quatre arditz et au greffier quarante cincq arditz, et ausi de ce que lesdictes matieres, pour chacun interloquutoire, l'om a accoustumé paier tant au judge que greffier autant que pour l'introduction, avons ordonné et ordonnons que, pour l'introduction desdictes causes, les fermiers ne p[r]endront riens jusques à la sentense.

4. — Item, mais le greffier aura pour ladicte introduction pour son acte et demande deux soulx tournois.

5. *Interloqutoire. Per lo greffier.* — Item et pour chacune interloquutoire, les fermiers prendrout sept soulz six deniers tournois, et le greffier prendra autant, s'il a mis en forme, et s'il ne l'a mis en forme, prendra pour le *dictum* dux soulz tournois six deniers tournois.

6. *Sentence diffinitive.* — Item, et des proucès qui viendront à sentense diffinitive, les fermiers prendront treze soulz six deniers tournois pour la sentence diffinitive.

7. — Item, le greffier, pour icelle diffinitive, prendra unze soulz tournois troys deniers tournois, et sera tenu bailler la sentence à partie ou l'executoire d'icelle, en paiant le droit de ladicte sentence, sans le contraindre à paier la cote part du procès de partie.

8. *Tesmoings.* — Item, au reguart deu salaire du greffier, qui prent de chascun tesmoing en toutes matières neuf arditz seulement, avons ordonné et ordonnons que dores avant, en toutes matieres, le greffier prendra pour examen de chascun tesmoing dux soulz six deniers tournois.

9. *Actes playdoiés.* — Item, quant aux actes playdoyés, le greffier prendra de chacune partie, pour chacun acte playdoyé, xij deniers tournois, et pour les aultres actes non playdoyés, pour chacun et de chacune partie, six deniers tournois.

10. *Advocatz.* — Item, les advocatz auront pour chacun plaidoyé deux solz tournois, et pour les autres comparitions, pour chacune, xij deniers tournois.

11. *Actes de petite valeur.* — Item, ès matieres de petite valeur qui se pourront vuyder sur le champ, lez fermiers prendront seulement deux solz tournois pour la condemnation ou relaxation, et

le greffier autant, mais ne prendront riens pour l'introduction, sinon qu'il y eust sentence diffinitive. Et lors, pour ladicte sentence, les fermiers prendront comme des aultres, et le greffier autant; et si la cause dont est question ne excede sept solz six deniers tournois, les fermiers ne prendront rien.

12. *Greffier.* — Item, pour les actes desdictz proucès, le greffier prendra pour chacun, de chacune partie, pour les playdoyés, six deniers tournois, et pour les aultres non playdoyés, troys deniers tornois.

13. *Deffaulx.* — Item, pour les deffaulx octroyez en ladicte court, prendront les fermiers cinq solz tournois, et pour chacun, en matiere de fontz de terre et des aultres, deux solz tournois, et le greffier prendra, pour l'acte de deffault et demande, deux solz tournois.

14. *Sel d'appel et greffier.* — Item, en tant que les fermiers prenent, pour sceller ung proucès qui est porté par appel, cinquante quatre arditz, avons ordonné que pour ledict scel seront payez seulement cinq solz tournois.

15. *Adjornamentz ez matieres reelles. Delay.* — Item, au reguart de ce qu'om n'est tenu comparoir en matieres reelles, s'il n'est adjourné dix jours davant la journée, et aussi ledict deffendeur a trois dilays de quinzene en quinzene avant deffendre en la matiere, avons ordonné et ordenons que les adjournemens, en tel cas, se pourront faire trois ou quatre jours davant la journée, selont la distance des lieux. Et après demande faicte, le deffendeur aura ung dilay pour deffendre, sinon que la matiere fut si grande ou que la partie ne pourroit avoir conseil audict pays, et lors, le juge luy porra donner plus loncg terme, à l'arbitre de la court; mais s'il ne deffend au jour et demande aultre dilay, s'il n'y a grande excuse, paiera les despens dudict jour au demandeur. Et *sic de similibus*, quant le demandeur aura à satisfaire de son cousté ou bien, lez juges *ex causa* lui porront bailher ung aultre delay, sur peinne de forclusion, s'ilz voyent à ce la matiere disposée.

16. *Playdoiés à toutes fins.* — Item, et car les juges et greffiers ne peuvent totalement comprendre les plaidoieries dez parties, dont plusieurs procès se perdent en grand interest d'icelles parties et dangier des consciences des judges et greffiers, pour ce que aucu-

nement l'om ne bailloit riens par escript en ladicte court, avons ordonné et ordonnons que doresavant, en ensuyvant les Stilles des cours presidiales de ce roiaulme, les advocatz de ladicte cour de Soule plaidoieront à toutes fins, et s'il y a contrariété et soit besoing faire preuves par tesmoings, les parties appoinctez contraires, et enquestes, et bailler escriptures *hinc inde*. Et si les procès se peuvent vuyder par pieces, seront appoinctez à corriger et produyre, et en droit.

17. *Escriptures.* — Item, et les advocatz feront leurs escriptures et corrections de plaidoiés, et prendront pour leur peine d'escriptures, pour chacun fuillet de minute, cinq solz tournois. Et pour les autres cedules comme objectz, soustenemens, contredictz, sommations et inventaires ou autrement, selon la qualite des escriptures où y auroit allegances de droit servantes à la matiere, lors seront tauxées à l'arbitre de la court.

18. *Aretz.* — Item, et quant aus bayles de Mauleon et autres bayles dudict pays qui ont acoustumé prendre, pour arrester ung home, cinquante quatre arditz, avons ordonné que doresavant ilz prendront seulement, pour semblables arrestz, sept solz six deniers tournois, et se feront paier à celluy ou ceulx qui les fairont faire. Toutesfoys, quant aux estrangiers, n'entendons ceste ordenance avoir lieu.

19. *Criées.* — Item, ès matieres de criées et subhastations faictes audict pays par contumace de justice, avons ordonné que doresavant, audict pays, seront faictes lesdictes cries des biens immeubles par quatre quinsaines, de judi en judi du marché de Mauleon, en la maniere acoustumée, sans interruption, et à la darriere crie seront assignées les parties et aultres pretendans interest ès biens subhastés à comparoir à la court de Lixarre dudict Soule, pour veoir adjuger lesdictz biens au plus offrant, et sur ce interpouser le decret de ladicte court ou inthimation, que si comparoissent ou non, sera procedé a ladicte adjudication et iuterposition de decret comme de raison, et pour ce faire sera baillé delay de viij^e pour le moings.

20. *Interposition de decret.* — Item, et prendront les fermiers pour l'interposition du decret desdictz biens immeubles tretze solz tournois six deniers, sans aultre chose. Et quant aux meubles,

deux solz troys deniers tournois, ainsi que par avant avoient acostumé, et le greffier ainsi qu'il a acoustumé.

21. *Actes d'appel.* — Item, et en tant qu'il y a appel et la partie veult porter le procès, le greffier faict paier dux fois les actes aux parties, avons ordonné que le greffier sera tenu faire lesditz actes et les mectre au procès en paiant iceulx une foys seulement. — Per acte d'apel lo greffier solement a viij arditz, et lo segnor non rien[1].

22. *Grosse.* — Item, et pour la grosse des enquestes et doubles de productions, prendra le greffier pour chacun fullet contenant dix huict lignées ou plus, de chacun cousté, doutze deniers tournois.

Item, pour la pronuntiation dez sentences des mayre et juratz d'Ax et senechal de Guiene, le greffier en prendra deux solz tournois, ung tant selement.

Item, et des actes d'appel que dict est dessus, deux solz tournois, et de chacune sarrason[2], le seigneur cinq solz tournois, le greffier troys solz tournois[3].

En tesmoings desquelles choses dessus dictes, nous lieutenant et commissaire dessus nommé, avons signé ces presentes de nostre seing manuel et faict signer par le greffier et seller du seel royal de ladicte seneschaucée. A Mauleon le xxvme jour du mois de jung l'an mil v^e et dix. — Ainsi signé : BORDANAVE, lieutenant et commissaire; BODIGUE, greffier[4].

---

[1] Cette phrase, en gascon, est mise en marge.

[2] *Sarrason de procez*, action de sceller les pièces d'un procès envoyées en cour d'appel (*Coutume de Soule*).

[3] Ces deux derniers articles, non numérotés, sont en renvoi au bas de la page.

[4] Me Bernard de Bordenave, lieutenant général en la sénéchaussée des Lannes, au siège de Dax, et Me Guillaume de Bodigue, notaire de cette ville, son greffier, revinrent en Soule, six ans plus tard, pour dresser un terrier ou censier du domaine du roi dans cette vicomté, en vertu d'une commission des trésoriers de France, datée du 12 septembre 1515. Ils partirent de Dax le 21 avril 1516 et y rentrèrent le 4 juin suivant, leur besogne terminée.

Extraict deus registres de feu mestre Menaud de Irigoyhen, notary[1],
deus foecxs entiers de Soule.

Primo los foecxs de la degaerie d'Aroue[2].	lxiiij 1/2
Item, de Lauruntz[3] lo nombre de.	cxxxviij 1/2
Domesainh a de foecxs entiers.	xlij 1/2
Peyrieda.	cxiiij 1/2
Arbailhe.	cxij
La Val dextre.	lxxxiij 1/2
La Val senestre.	cxliiij 1/2
Montory.	xl
Barcuxs.	xxvj
Tardetz[4].	vij 1/2
Urdaix[5].	xx

[1] Menaud d'Irigoyhen, notaire public dans toute la sénéchaussée des Lannes
et clerc ordinaire en la vicomté de Soule, instrumentait le 28 juin 1460 et encore
le 1er octobre 1481.

[2] Administrativement, la Soule se divisait en trois messageries : 1° celle de
Soule-Suzan, ou Soule-Sobiran qui désignait la partie la plus méridionale du
pays et dont les quartiers les plus élevés étaient connus sous le nom basque de
Basaburia (*basa*, sauvage, boisé, *buria*, la tête, le bout, l'extrémité : l'extrémité
sauvage ou boisée) et englobait les *dégaeries* du Val-dextre et du Val-senestre ;
2° celle de l'Arbaille, composée des *dégaeries* de Peyriède et de l'Arbeille ; 3° et
celle de la Barhoue ou de Soule-Juzan, formée des *dégaeries* de Laruns, d'Aroue
et de Domezain.
  Ce nom de *messagerie* venait de l'office de messager, sorte de sergent royal
qui était chargé de la surveillance de chacune de ces parties de la Soule. Les
messagers prêtaient serment sur le livre missel, la croix posée dessus, en
l'assemblée générale des États, de bien et fidèlement exercer leur charge, de
rendre compte de leurs exploits et de garder et observer inviolablement les fors
et coutumes du pays.
  A la tête de chaque *dégaerie* était un dégan (*decanus*, doyen) élu chaque
année, le 1er mai, par tour de paroisse, qui avait sous ses ordres le *fermance
vesialere* de chacune de ces paroisses (Voy. à l'Introduction, p. XII, note 1).

[3] Laruns.

[4] Villeneuve-lez-Tardetz, aujourd'hui Tardets-Sorholus, bourg fondé en 1299,
par Auger III de Mauléon, vicomte de Soule. Tardets était le nom d'un château
situé sur le mont Gaztelugain ; Sorholus et Villeneuve dépendaient de sa
seigneurie.

[5] Aujourd'hui Sainte-Engrâce.

Aus prop Montory [1] . . . .   vij 1/2

   Monte lo tout viij° foecxs [2].

Tiré du registre de feu Lahunsunarte [3].

Declaration deus foecxs vius [4] deu pays de Soule feyte per los
depputatz et commis deudict pays en court d'orde generale sus la
donation deus mille francx autreyade a monsenhor de Rutie,
cappitaine deudict pays de Soule [5], assistens ab losdictz depputatz,

[1] Haux. — Dans ce rôle, Montory, Barcus, Tardets, Urdaix ou Sainte-Engrâce
et Haux sont portés comme bourgs. « Sur ce mot de bourg — dit Jacques de
Béla dans son *Commentaire de la coutume de Soule* — je représente que ceux
de Aus, de Sainte-Grâce et de Larraun, disent que leurs lieux sont des bourgs,
neanmoins, parlant à l'asseuré, il n'y a que trois bourgs qui sont royaux. »

[2] Ce rôle est celui des feux anciens, c'est-à-dire des *maisons-mères*, sur lequel
on se basait pour fixer la part de tailles de chaque paroisse, bien que, depuis
longtemps, le nombre des feux allumants se fût considérablement accru. Le
régalement se faisait, dans le village, sur toutes les maisons, anciennes et nouvelles. Selon Voltaire (*Dictionnaire philosophique*, population), la moyenne était
de quatre personnes et demie par feu ; mais cette appréciation est inexacte pour
le pays basque, où l'on se mariait jeune (l'union pouvait être consommée dès
que la fille avait douze ans révolus et le garçon quatorze). D'après un dénombrement de 1770, les 69 paroisses du pays de Soule comptaient environ 30 mille
habitants, parmi lesquels figuraient 98 ecclésiastiques, dont 7 religieux et 78 bé-
néficiers, et cette population ne s'était pas sensiblement modifiée, lorsqu'un
nouveau dénombrement par feux, fait en 1789, en fixa le chiffre à 4,196, ce qui
donne une moyenne de sept personnes et demie par feux. Ajoutons qu'au pays
de Soule il n'y avait pas de tailles ordinaires pour le roi ; celles que l'on y
percevait étaient volontaires et votées par les États.

[6] Me Arnaud de Lahunsunarte, notaire royal au pays de Soule, instrumentait
encore en 1548.

[4] Feux allumants.

[5] Pierre, dit Peyrot, de Ruthie, chevalier, seigneur de Ruthie d'Aussurucq, en
Soule, et de Cheverny, au bailliage de Blois, conseiller du roi, gentilhomme ordinaire de sa chambre, premier écuyer de la petite écurie et lieutenant de la
vénerie, capitaine châtelain de Mauléon et gouverneur du pays de Soule, capitaine du Château-Neuf de Bayonne, de ceux de Saint-Germain-en-Laye et de
Tombelaine, capitaine des forêts de Livry, de Bondy, de Crécy-en-Brie et de
Saint-Germain-en-Laye, fils aîné de noble Pierre-Arnaud, seigneur de Ruthie, et
de Marguerite de Navailles, sa première femme, servait en 1506 dans la compagnie
des deux cents archers français de la garde du roi, sous la charge de Jacques,
seigneur de Crussol, sénéchal de Beaucaire. Admis, en 1507, dans la bande des
cent gentilshommes de l'hôtel du roi, il est porté sur les états des gentilshommes
de la chambre à 600 livres de gages de 1532 à 1534, et à 1.200 livres de 1535 à
1542. On trouve dans les *Actes de François Ier* plusieurs dons faits par ce prince

mestes Sans de Pemesple, scindic, Pees d'Arraing[1] et Monaud
de Muret, lo xxiiij⁰ de agost mil vᶜ xxvj, ainsin que s'en sec si
apres, et *primo :*

La deganerie de la Val senestre.

Larraun . . . .   xv foecxs.

Lic. . . . .   xxviij —

à Peyrot de Ruthie, entre autres, à la date du 14 avril 1533, celui d'une somme
de 20.000 livres pour l'aider à trouver un parti convenable et le récompenser de
ses services. Le dimanche 18 juin 1542, à Saint-Germain-en-Laye, messire
Pierre de Ruthie, chevalier, conseiller et gentilhomme de la maison du roi, seigneur de Cheverny, fait donation entre vifs à messire Bernard de Ruthie,
conseiller et aumônier du roi, abbé commendataire de Pontlevoy (qui fut nommé
grand aumônier de France, le 5 janvier 1552), son neveu, de l'hôtel seigneurial
et de la terre et seigneurie de Cheverny, au bailliage de Blois, en s'en réservant
l'usufruit pendant sa vie, et voulant qu'après la mort de Bernard de Ruthie
ladite seigneurie et ses appartenances retournent et appartiennent à noble
homme Jean de Tardets, chevalier, gentilhomme de la chambre du roi, aussi son
neveu, à la charge que le premier fils venant de loyal mariage dudit Jean de
Tardets, son neveu, sera tenu de porter le nom et les armes de Ruthie, et s'il est
refusant à ce faire, que le second fils les porte et soit seigneur de ladite maison,
et sans que ledit de Tardets, son neveu, ni ses enfants puissent vendre, engager,
aliéner, ni hypothéquer, ni échanger ladite terre et seigneurie de Cheverny, ni
partie d'icelle, si ce n'est en cas de nécessité comme prisonnier de guerre ou
pour les affaires au service du roi, non autrement. Peyrot de Ruthie mourut peu
de temps après (voy. plus haut, p. 7, n. 1).

[1] Mᵉ Pierre II d'Arraing, sieur de la maison de Pierrès, notaire royal et jurat
de Mauléon, fils unique de Pierre 1ᵉʳ d'Arraing, notaire royal et procureur du roi
en Soule, et de Domengine d'Aguerre, épousa en premières noces, vers 1510,
Jeanne de Pédelasalle, et en secondes noces Gracianne de Ruthie, fille naturelle
de Charlot, bâtard de Ruthie, sacristain d'Aussurucq, et de Marguerite, dite
Margot, d'Arabéhère, sa servante. Par son testament du 14 janvier 1534 (n. st.),
Pierre d'Arraing fonde une prébende en l'église Saint-Jean de Berraute et une
autre en l'église paroissiale Saint-Berthomieu de Chéraute, et désigne, pour
exécuteur de ses dernières volontés, vénérable homme monsieur Arnaud de
Casauvieilh (Casalivetery), prieur d'Ainharp, vicaire général et official d'Oloron
en Soule, et honorables hommes Mᵉ Menaud de Muret, procureur du roi, et
Johannot d'Ihitz, beau-frère du testateur. Pierre d'Arraing mourut le même jour
que sa seconde femme, le 17 du même mois de janvier, laissant du premier lit :
1⁰ Sanz d'Arraing, notaire royal, greffier ordinaire de la cour de Licharre, syndic
général du pays jusqu'au 4 mai 1550, bailli royal de Mauléon en la même année,
lieutenant général de robe longue en Soule en 1568, marié à Marguerite d'Ohix
et mort le 15 janvier 1576, dans sa soixante-sixième année ; 2⁰ Gracianne
d'Arraing, femme de Mᵉ Sanzoton de Muret, jurat de Mauléon ; du second lit :
3⁰ Enecot d'Arraing, curé de Lohitzun ; 4⁰ Jeanne d'Arraing, mariée à
Mᵉ Jacques d'Uhart, sieur de Pédelassalle, jurat de Mauléon, nommé syndic
général du pays le 4 mai 1550 ; 5⁰ et Saurine d'Arraing, alliée à Guicharnaud de
Carlaing, dit Lurbes.

Etchebar. . . . .   **xx foecxs.**

Lixans. . . . .   xxx —

Sonar . . . .   xij —

Sibas. . . . .   xvij —

Avense. . . . .   xlv —

Tresvilles . . . .   xxxix —

Atherey . . . .   xiiij —

Arrestoa. . . . .   xiij —

Laguinge . . . .   xx —

Aux . . . .   xv —

Sorholus. . . . .   xliiij —

Alos [1] . . . .   xxviij —

La deganerie de la Val dextre.

Lacarry . . . .   xxxvij —

Charrite. . . . .   xv —

Arhan. . . . .   xij —

Alsay . . . .   xxxiij —

Alsabehety . . . .   xxx —

Sounarette. . . . .   xij —

Sihigue . . . .   xxj —

Camo [2]. . . . .   xviij —

La degaerie d'Arballe.

Garrabie [3].   xj —

Sauguis. . . . .   xliij —

Ossas. . . . .   xlj —

Mendite. . . . .   lij —

St-Estephen.   x —

Gotein. . . . .   xlij —

Libarren. . . . .   xxxiiij —

Udaux. . . . .   xxv —

[1] Alos-Sibas-Abense, Etchebar, Haux, Laguinge-Restone, Larrau, Lichans-Sunhar, Licq-Athérey, Sorholus (réuni à Tardets en 1859), Troisvilles, communes du canton de Tardets.

[2] Alçay-Alçabéhéty-Sunharette, Camou-Cihigue, Lacarry-Arhan-Charritte-de-Haut, communes du canton de Tardets.

[3] Garraïbie, hameau partagé aujourd'hui entre Aussurucq et Ordiarp.

Mendy.	xxv foecxs.
Roquiague [1].	xxiiij —

La degaerie de Peyriede.

Aussuruc	iiij^{xx}vij —
Urdiarp.	lxviij —
Musculdy	lxj —
Pagole.	xxxiij —
Suhare.	xix —
Garindein [2].	xxij —

La degaerie de Laruntz.

Cheraute.	ciij —
Mendibiu.	xxij —
Berrogain.	vij —
Laruns.	ix —
Charrite.	xxvj —
Undurein	xxx —
Espes	xxxj —
Avense	xxiiij —
Arrast.	xvj —
Larrabiu.	xvj —
Moncayole.	xliiij —
L'Ospitau de Misericordi [3]	x —
Larrory	xvj —
Lixarre.	xxvij —
Viudos.	xl —
Ainharp [4]	xxxvij —

[1] Ossas-Suhare, Sauguis-Saint-Étienne, communes du canton de Tardets; Gotein-Libarrenx, Idaux-Mendy, Menditte, Roquiague, communes du canton de Mauléon.

[2] Aussurucq, Garindein, Musculdy, Ordiarp, communes du canton de Mauléon, Suhare (réuni à Ossas, canton de Tardets, en 1845); Pagolle, commune du canton de Saint-Palais.

[3] Aujourd'hui L'Hôpital-Saint-Blaise.

[4] Ainharp, Arrast-Larrebieu, Berrogain-Laruns, Charritte-de-Bas, Chéraute, Espès-Undurein, L'Hôpital-Saint-Blaise, Licharre (réuni à Mauléon en 1841), Moncayolle-Larrory-Mendibieu, Viodos-Abense-de-Bas, communes du canton de Mauléon.

La degaerie d'Aroa.

Etcharry.	xxxij foecxs.
Aroue	xlv —
Oyherc.	xij —
Lohitsun	xxiiij —
Arribareyte	ix —
Gestas.	xiiij —
Ossarain [1]	xxj —

La deganerie de Domesaing.

Domesain et Berraute	cvij —
Olhaibi	xxj —
Ithorrots [2]	x —

Bayliatges et borcxs.

Barcoys [3].	ij° x —
Villenave [4].	xlvij —
Montory [5].	cxxv —
Urdaix et Sancta Engracie [6].	lxxxiiij —
Monten dus mille iij° lvj foecxs [7].	

Le roiaulme de France, de Bouloigne sur la mer jusques à Sainct Jehan de Lux [8] est en distance de cent leuez et plus. Despuys Bouloigne jusques à Marseille contient plus de cent leuez.

[1] Aroue, Etcharry, Gestas, Lohitzun-Oyhercq, Osserain-Rivareyte, communes du canton de Saint-Palais.

[2] Domezain-Berraute, Ithorots-Olhaïby, communes du canton de Saint-Palais.

[3] Barcus, commune du canton de Mauléon.

[4] Tardets, anciennement Villeneuve, réuni à Sorholus, en 1857, chef-lieu de canton.

[5] Montory, commune du canton de Tardets.

[6] Sainte-Engrâce, commune du canton de Tardets. Urdaix était anciennement le nom de la paroisse et Sainte-Engrâce celui d'une abbaye fondée avant le xi° siècle.

[7] Il est à remarquer que la ville de Mauléon ne figure sur aucun de ces deux rôles, parce qu'elle ne contribuait pas aux charges du pays. Elle est comprise pour douze feux dans une autre rôle des feux anciens, et pour cent quarante feux dans celui de 1789.

[8] Saint-Jean-de-Luz, chef-lieu de canton de l'arrondissement de Bayonne.

En tout ledict royaulme contient vj^{c}lxvj millions harpens de terre. A ung sol tornois chacun harpant monte doutze millions[1].

Audit royaulme a iiij^{xx}xviij evesques,

Plus doutze archevesques,

Item doutze duchées,

Cent xxvj comptes.

Il y a en ledict royaulme six cens mille villes et villages qui pourront paier au roy xx livres tornois qui sont doutze millions. Et le tout monte xxiiij millions pour le moins.

En l'an mil iiij^{c}lxiij ou en viron, ainsin que ey audit dise a mons ancestres, y ago une si grosse et grande mortalitat de peste[2] en la ville de Mauleon de Soule et a l'enuiron de quere, que m[o]riben, et moriren sens acceptation de linadge et de personne : lo nombre deus mortz Dieu lo sab tout solet. Talement que nengun no pode habitar en ladicte ville ny a l'entorn, sinon vesties brudes, corbas, pigues et aultres ausetz siluestres, en tala fayson que las maisons et carrera de ladicte ville ere plene d'erbes et quasi comme inhabitable. Au retorn de aquetz qui escapan vius, dont lonc temps apres no se conexen los ungs aus autres, que ere grosse pietat, et crey que lasbetz per grande necessitat fosse ordenade de far la procession et misse de senct Sebastian que se fe en chascun dimercles de la semane, affin lo bon sanct Sebastian sie bon aduocat dauant Dieu per los habitans de ladicte ville.

DE LA GRANDE GUERRE DE NAUARRE.

L'an mil cinq cens et unze, ainsin que ey trobat per scripture, Loys XIIe, rey de France, fe grosse assemblade de gendarmes jusques au nombre de cent mille combatens, loquau nombre de gendarmes tremeto sus lo reaume de Nauarre per aquet conquestar, deu quoau ere expellit lo rey don Johan, filh deu senhor d'Alabret,

---

[1] Rayé : lls. t.

[2] On donnait alors le nom de peste à toutes les maladies épidémiques sans caractère défini.

et aquet occupat per Ferrando, rey d'Espaigne[1], ont entre autres gens d'armes venguoren en la ville de Mauleon mille et cinq cens Alamans qui moriren de malaudie estrange et incognegude. Et moric grand nombre deus habitans de Mauleon, sans nombre, entre losquoaus moric mestre Pierris d'Arrainh, procurayre deu rey en lo pays de Soule, ab sa molhe[2]. Et per lors lodict reaume de Nauarre no foc conquestat per los Frances, ains demora audict Ferrando.

DE LA CONQUESTE ET PRISE DE MONSENHOR DE MASPARROS.

L'an mil cinq cens xxiij[3], lo rey nostre senhor, Frances prumer de quest nom, tremeto un autre grand armade, de laquoau monsenhor de Masparros[4] ere loctenent et guobernador general, et

---

[1] Ce fut au mois de juillet 1512 que Ferdinand le Catholique entreprit la conquête de la Navarre, qu'il termina en septembre, et vers la fin de ce même mois de septembre 1512 que l'armée de Louis XII fit sa jonction avec celle du roi de Navarre. La coupable négligence de Jacques de Chabannes, seigneur de La Palice, et la mollesse de Jean d'Albret firent que cette campagne n'eut aucun succès. Le manque de vivres et les maladies obligèrent les Français à abandonner le siège de Pampelune le 30 novembre, et ce fut sans doute durant la retraite que tant de lansquenets vinrent mourir à Mauléon (voy. BOISSONNADE, *Histoire de la réunion de la Navarre à la Castille*, Paris, 1893, in-8°, pages 371-399).

[2] L'année datait alors de Pâques, et celle de 1512, commencée le 11 avril, finit le 26 mars suivant. Pierre d'Arraing et Domengine d'Aguerre, sa femme, moururent donc après le 2 décembre 1512, où le premier figure dans un acte, et avant le 27 mars 1513 (n. st.). Un document des archives de M. Bisquey d'Arraing, à Bordeaux, porte aussi qu'il mourut en 1512 (Voy. plus haut, p. 10, n° 1). Ces passages de troupes furent aussi cause d'une famine qui obligea plusieurs habitants de la Soule à se réfugier en Aragon. Au mois d'août 1536, François Ier accorda des lettres de naturalité à Jean de La Salle, pauvre gentilhomme de la vicomté de Mauléon de Soule, né au royaume d'Aragon, dans un séjour que ses parents avaient dû y faire, vingt-cinq ans auparavant, à cause de la famine qui régnait dans ladite vicomté (*Catalogue des actes de François Ier*, t. I, p. 426). Ce Jean de La Salle était fils de noble Petrissantz du Domec, seigneur de la Salle d'Abense, et de Catherine, bâtarde de Luxe, mariés par contrat du 2 mars 1511 (n. st.); il fut gentilhomme de la vénerie du roi, et obtint, le 8 septembre 1542, l'office de capitaine et gouverneur des château, parc et gruerie de Saint-Germain-en-Laye, de Saint-James et de la Muette, par la démission de Pierre de Ruthie; il épousa, par contrat du 15 janvier 1548, Madeleine Olivier de Leuville, dame de Carrières et de Puiseux, veuve de Georges Hérouet, écuyer, et mourut en 1580.

[3] Corrigez : 1521.

[4] André de Foix, seigneur d'Esparros, en Bigorre, comte de Montfort, vicomte de Villemur et de Castillon, chevalier de l'ordre du roi, troisième fils de Jean de

monsenhor de Sancta Columba[1] son loctenent, talement que *semel* acquisin tout lo reaume de Nauarre et beucop de villes et ciutatz de Castilhe, et entreren trop fons, en sorte que despuys agon une vatailhe deuant Logronhe[2], en laquala vatailhe los Frances fon vencutz et los Espanhols demoran victorios et prengon presonier audict de Masparros et plusieurs autres, et losdictz Espanhols

Foix, vicomte de Lautrec et de Villemur, gouverneur du Dauphiné, et de Jeanne d'Aydie-Comminges.

[1] Jacques Ier, *alias* Jayme, de Sainte-Colomme, chevalier, seigneur d'Esgoarrabaque, Cardesse, Oroignen, Castillon et Ledeuix, fils puîné de Bertrand III, seigneur de Sainte-Colomme, en Béarn, et de Marie d'Aydie, conseiller et chambellan du roi, homme d'armes de la compagnie de César Borgia, duc de Valentinois, du 15 août 1499 au 29 janvier 1509, puis lieutenant de la compagnie de cent lances d'Odet de Foix, vicomte de Lautrec, dès le 30 août 1512, gouverneur de Plaisance, en Italie, capitaine du Château-Trompette, à Bordeaux, et nommé maire et capitaine de Bayonne le 16 avril 1518, fit cette campagne comme colonel de l'infanterie. La Navarre fut rapidement reconquise et Pampelune capitula le 19 mai 1521. « Mais — rapporte Martin du Bellay (éd. Buchon, p. 337) — ledit seigneur de l'Esparre (d'Esparros), par le conseil du seigneur de Saincte-Colombe, lieutenant de la compagnie du seigneur de Lautrec, ne se voulut contenter de ladite conqueste, ains voulut entrer en Espagne, soubs esperance de conquerir les Espagnes aussi aisement que le royaume de Navarre, où, pour esperance de butin, donne jusqu'à la Grogne (Logrono). Auquel lieu, arrivé qu'il fut, ne trouvant aucune resistance, ledit Saincte-Colombe, pour son avarice (à ce qu'on disoit), luy persuada de renvoyer une partie de ses gens de pied, ce qui fut faict, et eut iceluy de Sainte-Colombe la charge de ce faire. Et, parce que les gens de pied avoient receu leur mois depuis peu de jours, feit que tous ceux qui s'en voudroient aller, lui rendans demi-paye, auroient congé de se retirer ; et mist cest argent en ses bouges : je ne sçay au prouffit de qui il revint. » Après avoir parlé de la prise d'Esparros et du seigneur de Tournon (*Journal*, éd. Buchon, p. 301), Louise de Savoie, mère de François Ier, ajoute : « De Sainte-Colombe, je n'en dis mot, car ce volume est trop petit pour comprendre si fascheuse chronique ». — Jacques de Sainte-Colomme mourut au mois de mars 1523, et Catherine de Méritein, sa veuve, fille et héritière de Jean de Méritein, chevalier, seigneur d'Esgoarrabaque, Cardesse, Oroignen, etc., sénéchal de Béarn, et d'Anne de Caupenne, sa seconde femme, se remaria à Jean d'Ariou ; elle avait eu du premier lit : 1° Jacques II de Sainte-Colomme, seigneur d'Esgoarrabaque, capitaine, allié d'abord, avant 1542, à Catherine de Montbrun, puis, par contrat du 5 décembre 1559, à Gracianne de Navailles, fille aînée de noble Jean de Navailles, seigneur de Saint-Saudens, gentilhomme ordinaire de l'hôtel du roi, et de Madeleine de Saint-Saudens ; 2° Tristan ; et 3° Madeleine de Sainte-Colomme, femme, par contrat du 17 septembre 1535, de noble et puissant seigneur messire Jean de Galard, chevalier, seigneur et baron de l'Ile-Bozon, sénéchal d'Armagnac.

[2] Cette bataille n'eut pas lieu devant Logrono, dans la Vieille-Castille, mais, après la levée du siège de cette ville, près de Noain, en Navarre, à une lieue de Pampelune, le 30 juin 1521.

estremeren l'ung oelh, despuys que fo pres, audict de Mesparros [1],
et cum hoc lo laissan ab son arranson, et despuys perguo la vista
de l'autre oelh ausi, et a viscut plus de trente ans apres perguda
la vista [2].

DE LA PRINSE DE LA VILLE ET CASTET DE MAULION
PER LOS SPANHOLS.

Lo ters jours deu mes de decembre [3], per ung jour de dijaus,
mercat de la ville de Maulion, per lo prince d'Orange, frances et
guobernador deu camp et armada deu rey d'Espanhe [4], fo prese la
ville de Mauleon et ausi lo castet, sans y tirar aucun cop d'artilherie, estant cappitaine deudict castet de Mauleon noble Menaud
de Bearn [5], et apres la conqueste deudict castet, ville de Mauleon

----

[1] « Plusieurs chevaliers, capitaines, gentilshommes et soldats moururent en
ce conflit, et Esparros combatant valeureusement y perdit la veue d'un coup de
lance qui luy faussa la visiere, et fut pris prisonnier par dom François de Beaumont, auquel il se rendit, comme fit aussi le seigneur de Tournon au capitaine
Done Marie » (BORDENAVE, *Histoire de Béarn et Navarre*, p. 15).

[2] André de Foix testa le 3 janvier 1547 et mourut le même jour à Bernezay,
sans postérité de son mariage avec Françoise du Bouchet-Sainte-Gemme, dame
de Bernezay.

[3] 1523.

[4] Philibert de Châlon, prince d'Orange et de Melphe, fils de Jean II et de
Philiberte de Luxembourg-Brienne, tué au siège de Florence, en 1530, sans
avoir été marié. François Ier lui confisqua la principauté d'Orange et ses autres
biens de France et les donna, en 1523, à Louise de Montmorency, veuve de
Gaspard de Coligny, seigneur de Châtillon-sur-Loing, maréchal de France.

[5] Menaud de Béarn, chevalier, seigneur de La Bastide-Villefranche, fils
bâtard de Jean de Béarn, chevalier, baron de Gerderest, et de Marie de Bordenave, légitimé par lettres royales du mois de mars 1519, servait comme archer
dans la compagnie de quarante lances de Jean de Saint-Prest, à Plaisance,
comté d'Asti, le 20 octobre 1499, et comme homme d'armes dans la compagnie
de trente lances de Pierre du Terrail, seigneur de Bayard, à Fontenilles, duché
de Milan, le 14 juillet 1509. Il fut admis (Menaud, bastard de Bearn) au
nombre des cent gentilshommes de la maison du roi le 1er janvier 1518 (u. st.),
et nommé à la capitainerie de Mauléon par lettres du 8 février suivant que lui
expédia Odet de Foix, comte de Comminges et vicomte de Lautrec, maréchal de
France et gouverneur de Guyenne, en vertu des pouvoirs qu'il tenait du roi.
Menaud de Béarn acquit la seigneurie de La Bastide-Villefranche, en Béarn, de
François de Béarn, baron de Gerderest, son neveu, pour le prix de 1.200 écus
au soleil et 100 écus petits de *capsoos* (lods et ventes). Le vendredi 20 novembre
1523, le capitaine de Mauléon communiqua aux gentilshommes souletins les
ordres qu'il avait reçus de Mgr de Lautrec, lieutenant général et gouverneur

et pays de Soule, lodict prince d'Orange ab sa armada, en nombre de detz mille pietons, mil cinq cens genetaris leuges [1] et cinq cens homes d'armes a bathalar et detz hoeyt pesses d'artilherie, s'en partic deudict pays de Soule et laissec per son cappitaine de lodict

pour le roi en Guyenne, au sujet de la levée de mille hommes pour le service du roi et la défense du pays, et le 23 du même mois, il commanda, de par le roi, à Pierre-Arnaud de Rutigoïty, seigneur de Rutigoïty de Lichans et de Gorritépé d'Alçabéhéty, et aux autres gentilshommes du pays, de lever et enrôler les mille hommes ordonnés. Menaud de Béarn était encore gouverneur de Soule le 24 mars 1525 : à cette date, il prêta une somme de 468 écus à Jean, baron de Gramont et de Gabaston. — Pendant qu'il commandait à Mauléon, le bâtard de Béarn commit un grand nombre d'excès et d'abus de pouvoir sur lesquels les habitants demandèrent que l'on informât : « S'ensuyt une partie des actes et cas commys et perpetrés par noble Menault de Bearn, estant cappitaine de Mauleon, et ses archiers et serviteurs par son advou, à l'encontre des subgectz du roy au pays de Soule. — Et premierement, comme il est tout notoire audict pays, il est chargé et luy a esté mys suus par devant feu monsr de la Palice, mareschal de France (gouverneur de Guyenne, 1522-1523), de avoir faict brusler le borc et vilage de Barcuxs, où il y avoit environ quarante maisons qui feurent bruslées avec les biens qui estoient dedans, sauf ce que estoit pillé et desrobbé par ceulx qui firent lesdictz excès, qui estoient environ troys cens qui avoient esté auparavant soubz la charge dudict de Bearn, mais ou temps desdictz excès ilz estoient cassez, lesquelx aussi tuerent et blesserent plusieurs gens, vieulx, malades, pretres, femmes, dudict borc, et le tout soubz la conduite de l'enseigne dudict de Bearn, et avoit icelluy de Bearn donné ausdictz malfacteurs plusieurs haquebutes à crochet, poldres et pierres de la munition dudict chastel. Maiz à cause que ledict feu mareschal, bientost aprez, s'en partist sans avoir loisir d'entendre à ladicte matiere, lesdictz excès demeurent impugnis ». Le capitaine est encore accusé d'avoir avoué et approuvé le meurtre d'un homme par les archers du château, d'avoir mis en liberté, moyennant finance, des coupables non jugés ou condamnés, d'avoir toléré à un jet d'arbalète et accueilli au château deux femmes de mauvaise vie, bannies du pays ou du territoire de la ville, d'avoir frappé et blessé plusieurs individus, enfin d'avoir fait emprisonner « en la basse fosse du chastel, qui est une aspre et cruelle prison », un grand nombre de sujets du roi, entre autres Guimont de Pemesplé, clerc, Me Pierre de Conget, notaire royal, Me Gracian de Chugarry, procureur du roi, et Me Arnaud de Chugarry, notaire royal, son frère, Me Menaud de Muret, notaire royal et jurat de Mauléon, Me Jean d'Etchebarne, curé de Chéraute, etc. — Menaud de Béarn mourut avant le 16 juin 1531, ayant eu de sa femme dont j'ignore le nom : Jean de Béarn, seigneur de La Bastide-Villefranche, d'Auterrive et de Mascouette, qui était, en 1538, sous la tutelle de Charles de Gramont, archevêque de Bordeaux et primat d'Aquitaine ; il mourut après le 16 janvier 1554 et avant le 15 mars 1559, sans postérité de son mariage avec Françoise de Dure, ayant, par testament, légué 1.000 livres à M. de Gramont et institué son héritier universel François de Béarn, dit de Bonasse, son cousin germain, second fils de noble Bertrand, bâtard de Béarn, dit de Bonasse, seigneur de Bescat, et de Marie de Bescat.

[1] Cavalerie légère montée sur de petits chevaux d'Espagne appelés genets.

4

castet de Mauleon noble homme Johan de Luxe, senhor de Luxa[1],
qui fo revoltat vers los Espanhols contre France, *si bene fecerit*

[1] Jean III de Luxe, chevalier, seigneur et baron de Luxe, Ostabat, Lantabat,
Ahaxe, en Basse-Navarre, Tardets, Alos, Abense-de-Haut, en Soule, Ledeuix,
Esquiule, en Béarn, etc., fils aîné de Jean II et de Jeanne de Beaumont, né en
1470, fut enfant d'honneur du roi Charles VIII, et se maria, au mois de mars
1493, à Gabrielle Isalguier, fille de Jean Isalguier, chevalier, seigneur et baron
de Fourquevaux, Sainte-Livrade, La Bastide, etc., et de Catherine de
Pardaillan. Au moment où se préparait une seconde expédition en Navarre,
Jean d'Albret et Catherine de Navarre lui demandèrent de leur remettre sa
forteresse jusqu'à la fin de la guerre. Le 5 novembre 1515, le seigneur de Luxe
manda, de Pau, à Jean, seigneur de Saint-Jayme d'Ibarre, capitaine du château
de Luxe, de livrer la place à Jean de Tardets, seigneur d'Arangoïs, écuyer du
roi de Navarre, qui l'en avait nommé capitaine. La remise eut lieu le
10 novembre, après inventaire de l'artillerie, des armes, des munitions et des
meubles que contenait le château. Au début de la campagne de 1521, « Luxe,
qui avoit grande créance parmi le peuple, despité de n'avoir en ceste armée
nulle charge, mettoit secrettement aux oreilles du peuple des bruits que cette
guerre se faisoit en faveur du roy de France, non pas de celuy de Navarre, et
qu'on se servoit seulement de son nom, pour mieux piper les cœurs du peuple,
mais que s'ils se pouvoient une fois emparer du pays, on n'orroit (oiroit) plus
parler d'Henry, ains de François » (BORDENAVE, *Histoire de Béarn et Navarre*,
p. 9). Au sujet de la prise de Mauléon, voici ce que raconte le procureur du roi
en Soule dans un mémoire des faits qu'il entendait prouver contre Jean,
seigneur de Luxe, autre Jean et Gabriel de Luxe, ses fils, par-devant le sénéchal
des Lannes ou son lieutenant, commissaire royal député à cet effet : Monseigneur de Lautrec, gouverneur pour le roi en Guyenne, lui écrivit qu'il avait été
averti que le seigneur de Luxe entretenait des intelligences avec les Espagnols,
ce qu'il ne crut pas ; mais, le lendemain, Luxe et ses fils partirent d'Ostabat
pour aller à Saint-Jean-Pied-de-Port, au devant du prince d'Orange, capitaine
général des gens de pied du roi catholique ; et là, ils prirent parti pour les
Espagnols, suivant ce qui avait été convenu par lettres et messagers. Et, depuis,
ils ont été avec les Espagnols, tant en Basque qu'en Soule ; ils ont tâché
d'attirer au service du roi d'Espagne plusieurs gentilshommes de Soule et ont
assisté à la prise du château de Mauléon, en compagnie du prince d'Orange et
de partie de l'armée espagnole. Après quoi, conformément à un traité antérieur
à la prise du château, le seigneur de Luxe en a eu la garde et le gouvernement
de Soule, avec le revenu du domaine du roi ; en vertu de quoi, Luxe a tenu
cour, institué de nouveaux officiers, destitué ceux que le roi avait établis. Il a
fait faire des proclamations à Mauléon, comme capitaine et gouverneur pour le
roi catholique. Il a reçu le serment de fidélité de plusieurs habitants du pays au
roi catholique. Il a sommé par lettres, messagers et cris publics plusieurs
habitants qui s'étaient enfuis à Dax, Bayonne et ailleurs, de revenir pour
prêter le même serment ; et, afin de faire les procès et les déclarations des
peines encourues par les désobéissants, il a fait venir de Pampelune un nommé
le bachelier de Aoiz, né et demeurant à Pampelune. Il a confié la garde du
château de Mauléon à des partisans du roi d'Espagne. Il a envoyé un religieux
jacobin à Ustarits, vers le connétable et le prince d'Orange et vers le seigneur
de la Cueva pour avoir payement des gens et en bailler quittance, suivant une

Deus scit. Et *interim* gros nombre de Aragones per Sarrance [1]
descendon a Oloron [2] et aqui apres auer feyt beucop et plusieurs
maus [3], vengon en la ville de Mauleon, et moriren plusors Bearnes.

procuration qu'il avait passée à ces fins, et pour leur faire entendre qu'il était
bruit en Soule que les Espagnols se retiraient, ce qu'il ne pouvait croire. Il a
donné à garder les forêts du roi et retiré les rentes du roi en Soule, se vantant
que le roi d'Espagne lui avait fait don de la vicomté. Il a rançonné plusieurs
sujets du roi, tant ecclésiastiques que autres, et même Arnauton de Petrix,
maréchal, de Mauléon, qu'il mena au château et l'y garda jusqu'à ce qu'il eût
financé 60 écus sol. Depuis que Mauléon a été recouvré sur les Espagnols, le fils
puîné dudit seigneur de Luxe est allé sommer ceux qui gardaient ledit château
de le rendre entre ses mains, et, sur leur refus, les a menacés d'y mettre le feu.
Et comme les habitants de Montory et d'Urdaix, en Soule, avaient défait
quelques Aragonais, le seigneur de Luxe montra un grand mécontentement,
écrivit auxdits habitants et les envoya menacer (Arch. de M. Paul Labrouche,
Papiers d'Oïhenart). Jean de Luxe quitta le château de Mauléon vers la Noël
de 1524, en y laissant comme lieutenant Johannot, seigneur d'Eliceiry de
Lantabat, avec Jean, seigneur de Saint-Jayme, et quelques soldats. Eliceiry,
averti que les Français se préparaient à venir l'assiéger, quitta nuitamment la
place, et, en 1528, le seigneur de Luxe lui intenta un procès en la chancellerie
de Navarre, pour avoir abandonné le château de Mauléon dont il lui avait confié
la garde (*Ibidem*). Henri d'Albret, roi de Navarre, fit raser le château de Luxe
et, par lettres datées de Pau le 2 mai 1524, il confisqua les biens de Jean de
Luxe, « baron du royaume de Navarre », et de ses deux fils, qui avaient pris et
suivi le parti du roi catholique, élu empereur, usurpateur du royaume de
Navarre, et en fit donation à son fidèle chambellan ordinaire Georges de Duras,
chevalier, seigneur de Thil, gouverneur général des terres d'Albret. Jean de
Luxe obtint de François Ier, pour lui et ses deux fils, des lettres d'abolition
datées de Saint-Germain-en-Laye, au mois de mars 1527 (n. st.). Il rentra aussi
en grâce auprès du roi de Navarre et tenta, en cette même année, avec Étienne,
bâtard d'Albret, baron de Miossens, de reprendre Saint-Jean-Pied-de-Port aux
Espagnols. En 1528, le roi lui accorda une pension de 1.000 livres, une de
600 livres à Jean de Luxe, son fils, et une autre de 600 livres à Jean, seigneur
de Camou, son neveu. Jean III de Luxe mourut en 1537 et eut de Gabrielle
Isalguier, qui testa au château de Tardets, le 24 juin 1521 : 1° Jean IV, baron
de Luxe, etc., né en 1494, marié par contrat du 25 août 1534 à Isabeau de
Gramont, fille de Roger, seigneur et baron de Gramont, Bidache, etc., conseiller
et chambellan du roi de France, sénéchal et vice-amiral de Guyenne, maire et
capitaine de Bayonne, et de Léonore de Béarn, mort le 26 juillet 1559 ;
2° Pierre, mort jeune ; 3° Gabriel de Luxe, commandeur d'Orion et capitaine
entretenu en Navarre ; 4° et Françoise de Luxe, mariée à don Géronimo de
Goni, seigneur du *palacio* de Goni et de la ville de Cientruenigo, *alguazil
mayor* de Navarre. Il laissa aussi une fille bâtarde, Catherine de Luxe, femme,
par contrat du 2 mars 1511 (n. st.), de noble Pétrissautz du Domec, seigneur de
la Salle d'Abense, notaire royal en Soule.

[1] Ancienne annexe de Bedous, érigée en commune en 1778, canton d'Accous,
arrondissement d'Oloron.

[2] Chef-lieu du deuxième arrondissement des Basses-Pyrénées.

[3] Ce fut en décembre 1523, durant le siège de Sauveterre par le prince

Et demoreren losdictz Aragones en la ville de Mauleon despuys lo dimenge jusques a dimarcxs dont partiren sens demandar conget.

Et, lodict an, la ville de Saubaterre en Bearn [1] fo prese, lo castet de Vidays [2], appartenent a monsenhor de Gramond [3], ausi, et brulat [4],

[1] Sauveterre, chef-lieu de canton de l'arrondissement d'Orthez.

[2] Bidache, chef-lieu de canton de l'arrondissement de Bayonne.

[3] Jean II de Gramont, chevalier, seigneur et baron de Gramont, Bidache, Mussidan, Blaignac, Castillon, Gabaston, Roquefort, Guiche, Came, Bardos, Urt, Montory, Haux, Olhaïby, etc., fils de François II et de Catherine d'Andoins, capitaine d'une compagnie de cinq cents hommes de guerre à pied gascons, dont il fit montre à Bayonne le 27 juillet 1522. Homme d'armes des ordonnances du roi dans la compagnie d'Odet de Foix, vicomte de Lautrec, le 29 novembre suivant, il fut nommé lieutenant de cette compagnie, maire et capitaine de Bayonne, au mois de mars 1523, à la mort de Jacques de Sainte-Colomme, seigneur d'Esgoarrabaque ; il eut un cheval tué sous lui au combat de Saint-Jean-de-Luz, le 16 septembre de la même année, et prit part à la défense de Bayonne. Jean de Gramont testa le 25 juin 1527 : ayant reçu, dit-il, commandement du roi de mener et conduire en Italie, en la plus extrême diligence que faire se pourra, pour le service du Pape, la compagnie de monseigneur de Lautrec, il a voulu, pour le salut de son âme et la conservation de ses biens, faire un testament. Il mourut devant Naples le 15 septembre 1528. Françoise de Polignac, fille de Guillaume-Arnaud II, vicomte de Polignac, baron de Chalançon, et de Marguerite de Pompadour, qu'il avait épousée par contrat du 15 septembre 1526, ne lui donna pas de postérité et se remaria trois fois : 1° avec Jean d'Albaron, seigneur de Montfrin ; 2° le 26 septembre 1532, avec Jean de Poitiers, seigneur de Saint-Vallier, et 3° avec Jean de Lugny, seigneur de Lugny et de Saint-Trivier en Dombes.

[4] Voici dans quel ordre se succédèrent ces événements : le prince d'Orange arrive à Saint-Jean-de-Luz le 16 septembre 1523, et le lendemain devant Bayonne qu'il attaque par terre et par mer; l'énergique résistance de Lautrec l'oblige à lever le siège le quatrième jour. Il brûle Sorde, prend et saccage Peyrehorade, incendie Hastingues et assiège le château de Bidache que trois cents hommes défendent pendant trois jours (et non vingt jours comme l'avance Bordenave); les Espagnols y mettent le feu et la garnison périt dans les flammes. Le prince se dirige alors sur l'Espagne en pillant Biarritz et Saint-Jean-de-Luz et en ravageant le pays de Labourd ; mais, sollicité par le baron de Luxe qui va au-devant de lui jusqu'à Saint-Jean-Pied-de-Port, il entre en Soule, prend Mauléon, le 3 décembre, et passe à Sauveterre. Étienne, bâtard d'Albret, baron de Miossens, qui y commande, résiste quelques jours et rend la place en obtenant qu'elle ne subira aucun dommage et qu'il en sortira avec la garnison, armes et bagues sauves. Navarrenx a le même sort (ALESON, *Annales de*

d'Orange, que Ferrier de Lanusse, frère de Jean de Lanusse, seigneur de Béon, vice-roi d'Aragon, entra en Béarn par la vallée d'Aspe, après avoir forcé les passages de la montagne gardés par Menaud de Béarn, capitaine de Mauléon (Bordenave le nomme *le capitaine Menauton, bastard de Gerderest*). Menaud de Béarn se retira à Oloron dont était gouverneur François, seigneur de Louvie, sénéchal de Béarn. Les Aragonais campèrent à Sainte-Marie, ravagèrent les environs et essayèrent vainement de s'emparer d'Oloron.

et ausi la forte ville de Fontarabia[1] per los Espanolhs, a cause
de la traysion feyte per lo mauesqual de Nauarre[2], lors estant
en lodict Fontarrabie cappitaine per los Frances, qui liura ladicte
ville et castet de Fontarrauie ausdictz Espauhols[3].

Navarra, éd. de 1766, t. V, p. 415 ; BORDENAVE, *Histoire de Béarn et Navarre*,
pages 26-28. Celui-ci a le tort de placer cette expédition après la reprise de
Fontarabie par les Espagnols).

[1] Fuenterrabia, ville de la province de Guipuzcoa, en Espagne.

[2] Pierre III de Navarre, vicomte de Muruzabal et de Val de Ilzarbe, maréchal
de Navarre, fils du maréchal Pierre II et de Mayor de la Cueva, fut nommé
colonel de mille hommes de pied gascons, basques et navarrais, et entra dans
Fontarabie avec le maréchal de La Palice lorsque celui-ci fut chargé de ravitailler la place. En passant à Saint-Jean-de-Luz, le 1er juin 1523, le maréchal y
fit montre de sa compagnie particulière de trois cent cinquante-trois hommes de
guerre à pied, la plupart basques : Victor de Mauléon, Petrissanz (de la vallée
de Roncal), Antonio d'Ezpeleta, Juan d'Eraso, Baquedano, Esteven d'Ezpeleta,
Paiet d'Aguerry, Pedro d'Aguerry, Louis de La Lanne, Jean de Garro, Pedro
de Jauréguy, Juan de Vertiz, Miguel d'Eraso, Johannot d'Alzate, Johannes
d'Agorreta, Martin d'Arostéguy, Jean d'Echauz, Miguel de Jaso, Pedro de Jaso,
Pierre d'Echauz, Martin de Vergara, Arnaud de Soule, Juan de Peralta, Pedro
de Baquedano, Jean d'Irigoyen, Juan d'Erbity, Juanicot de Vertiz, Juan de
Gamboa, Martin de Gramont, Bertrand d'Ospital, Martin de Lizarraga, Miguel
de Gramont, Jacques d'Errazu, etc. (Bibl. Nat., mss., *Fonds français*, 25787,
n° 156). Après la reddition de Fontarabie, dont Pierre de Navarre fut le prin-
cipal agent, Charles-Quint lui accorda des lettres de rémission, ainsi qu'aux gra-
montois qui avaient servi avec le maréchal, le 29 avril 1524, et l'autorisa, en
1532, à vendre diverses rentes de ses majorats, pour acheter le marquisat de
Cortez, qu'il paya 22.000 ducats d'or. Il mourut à Tolède en 1565, laissant de son
union avec Ladrona de Lacarre et de Navarre, fille de Juan-Enriquez de
Lacarre, seigneur d'Ablitas, et d'Isabelle de Peralta : Géronime de Navarre,
marquise de Cortez, vicomtesse du Muruzabal et de Val de Ilzarbe, mariée : 1° à
Don Juan de Benavides, qui fut pourvu de la charge de maréchal de Navarre à
la mort de son beau-père ; 2° en 1565, à Don Martin de Cordova y Pacheco,
également maréchal du chef de sa femme.

[3] La ville de Fontarabie s'était rendue le 18 octobre 1521, après une héroïque
résistance, à Guillaume Gouffier, seigneur de Bonnivet, amiral de France et
gouverneur de Guyenne, qui y laissa comme gouverneur Jacques de Daillon,
seigneur du Lude, avec trois mille hommes, malgré le duc de Guise qui était
d'avis que l'on rasât la place et que l'on fortifiât Hendaye. L'entretien d'un
détachement au fort de Béhobie, des engagements journaliers et meurtriers
avec l'ennemi diminuèrent considérablement la garnison de Fontarabie, si l'on
en juge par les rôles de revue de 1522 qui nous en ont été conservés : 23 juin,
quatre cents hommes de guerre à pied gascons du capitaine Roger de Palais ;
25 juin, cinq cent soixante-douze hommes de guerre à pied gascons du capitaine
Antoine de Donjac ; 8 juillet, deux cents hommes de guerre à pied français du
capitaine Jacques de Monbel et deux cents autres du capitaine Jean de La
Roche-Chandry (Bibl. Nat., mss., *Fonds français*, 25787, n°s 120, 121, 124 et
125). Le gouverneur Jacques de Daillon fit lui-même montre de sa compagnie

DE LA CARISTIE DE VIURES.

Las grandes famines de viures foren et comensan l'an apres la venguda deus Espanhols, que ere mil cinq cens xxiiij, et dureren dequi a l'an mil cinq cens xxxiij, ont, en aquest pays de Vascos, lo froment se vendo la conque a detz sept solz, la conque de mil a tretze solz et xiiij solz, et lo lot de vin a setze ardit, et no sen torbada goayre, dont plusors morin de famine per tout le reaume de France.

DE LA PRISA DEU REY FRANCES, REY DE FRANCE, ET ENRIC, REY DE NAUARRE.

Lo jour de sanct Mathie apostol[1], lo rey Frances prumer de aquest nom, rey de France, apres que, a grosse armade, ago pres plusors villes en las Ytalias, dauant Pauie, per monsenhor de Borbon, capitaine deus Espanhols[2], fo pres, emsemps Enric, rey

de cent lances, le 5 février 1523 (n. st.) (*Ibidem*, 21512, n° 1047), et se déclarant impuissant à repousser les attaques incessantes des Espagnols, il demanda à être relevé de son commandement. Le maréchal Jacques de Chabannes, seigneur de la Palice, fut chargé de ravitailler la place, d'en renouveler la gar-nison et d'y installer comme gouverneur le capitaine Franget, ancien lieutenant de la compagnie de cinquante lances de Gaspard de Coligny, seigneur de Châtillon, maréchal de France. François du Franget, seigneur du Sister, lieutenant du roi et gouverneur de Fontarabie, fit montre, dans cette ville, le 22 juillet 1523, de sa compagnie de cent lances, à Roger, seigneur d'Ossun, commissaire (*Fonds français*, 21512, n° 1065). L'armée espagnole, commandée par Inigo Fernandez de Velasco, duc de Frias, connétable de Castille, et par le prince d'Orange, vint assiéger Fontarabie dans les premiers jours de février 1524, et Franget, pressé par le maréchal Pierre de Navarre, qui parlait de passer à l'ennemi avec tous les gramontais qu'il avait amenés, se vit contraint de capituler. La garnison française sortit de la place avec armes et bagages, drapeaux déployés, et les Espagnols y entrèrent le 25 mars 1524. Appelé à Lyon par François Ier, Franget fut dégradé de noblesse, sur un échafaud, « pour avoir — dit Martin de Bellay — esté negligent et failly de cueur à pourvoir à la conspiration dudit dom Petre, si ainsi estoit qu'elle fust vraie ».

[1] Le 24 février 1525, jour de saint Mathias.

[2] Au moment où, voyant la journée perdue, François Ier mettait son cheval au galop pour quitter le champ de bataille, il fut arrêté par quatre arquebusiers espagnols, dont l'un abattit le cheval du roi d'un coup de crosse à la tête. Sur ces entrefaites arriva un basque guipuzcoan, Don Joannes de Urbieta, homme d'armes de la compagnie de Don Hugo de Moncade qui, sans reconnaître le roi tombé dans un fossé, sous son cheval, empêcha qu'on le mit à mort et le somma de se rendre. François Ier répondit en français : « Je suis le roi, je me rends à l'empereur ». Pendant que Urbieta allait dégager, non loin de là, l'enseigne de

de Nauarre, son beu frere[1], et moriren plusors deus cappitaines de France et princes[2], et lodict rey de France fo menat en Espanhe, et lodict rey de Nauarre, de noeytz, per une noeyt de sancte Lucie[3] lors i enseguente, fo escapat deu castet de Pauye[4]. Ont demora [lo rey de France] prisonier en la Espanhes per l'espaci de dus ans ou en viron, et despuys sortic en vaillant ostages sons dus filhs. Et despuys, pagan son ranson que ere dus millions d'or, losdictz enfantz sortiren d'ostage et prison.

DEU DILUBY DE MAULEON, XERAUTE ET LIBARREN.

L'an mil cinq cens quarante ung et lo jour et feste de sanct Estropi, darrer jour deu mes de abriu, en viron quoate hores apres miey jour deudict jour, aduengo en la ville de Mauleon ung grand dilubi *siue* undation d'aygues per deuers los recxs de Xeraute et deu herm et de las montanhes de Matalon, Mendibilgainh et autres ad aqueres contigues, tallement que l'aygue passa per dauant la maison de Lhepu, emporta los pontz de Pey et Lhepu et de l'arriu deu miey, los carbous de la botique de Lhepu, et

---

sa compagnie qu'entouraient des soldats français, un capitaine espagnol nommé Don Diego d'Avila, passa près du roi et, jugeant, à la richesse de son armure et à son collier de l'ordre de Saint-Michel, que la prise était bonne, il lui demanda un gage. Le roi lui remit son épée *que bien ensangrentado traia*, en lui disant qu'il s'était déjà rendu à l'empereur. Le roi était blessé au front, au bras et à la main droite; en l'aidant à se relever, Diego d'Avila lui ayant pris le collier de l'ordre, François Ier en offrit 6.000 ducats, mais le capitaine espagnol préféra le garder pour le porter à Charles-Quint (ISASTI, *Compendio historial de Guipuzcoa*, pp. 529-530). Un instant après arriva Charles de Lanoy, vice-roi de Naples, « auquel le roy bailla sa foy » et qui, avec les plus grands égards, le mena au camp du marquis de Guasto.

[1] Henri II, roi de Navarre, ne devint beau-frère de François Ier que le 24 janvier 1527.

[2] François de Lorraine, comte de Lambesc, âgé de dix-huit ans, le duc de Suffolk, le maréchal de La Palice, l'amiral de Bonnivet, Louis de la Trémoille, Hector de Bourbon, vicomte de Lavedan, le seigneur de Bussy d'Amboise, etc.

[3] Sainte Luce, le 13 décembre 1525.

[4] Le roi de Navarre avait noué des relations avec une dame de Pavie qu'on lui permettait de recevoir au château; elle lui procura une échelle de corde, et il s'évada avec Francisco, son valet de chambre, laissant un page, François de Rochefort, dans son lit pour que les gardes le crussent encore là le lendemain matin. Le baron d'Arros, béarnais, l'attendait au bas de la tour, avec des chevaux, et les fugitifs purent arriver à Lyon sans encombre. Henri d'Albret paya, du reste, sa rançon à l'empereur.

entra en las maisons de Porrudoy, Arnautoix, Echart et Arhanchet, en la Barbacana, et emporta las portes de la maison
d'Echart, un tonet· jusques au nogue qui est dauant la borde de
Gorret, dues caches, l'une plene de linge, laquale no ses trobade,
et l'autre de viandes et aquere recrubade. Et l'aygue fe sa condute
per dauant ladicte porte de Chart; a Cheraute ausi entra en dues
ou tres maisons, so es en la maison de Telhamon et autres vesines
ad aqueres; a Goteinh en la maison deu sabate, pres de la clede,
et autres circumbesines; a Libarreu a la maison deu sabate et
autres circumbesines; tallement que ere une grosse pietat. En
lodit an ere cappitaine de Mauleon, noble home Peyrot, senhor de
Rutie [1]; son loctenent, Johannot de Rutie, son fray [2]; proucureur

---

[1] Voy. plus haut, p. 22, n. 5.

[2] Jean *aliàs* Johannot de Ruthie, seigneur de Jaurgain d'Ossas, fils de noble
Pierre-Arnaud, seigneur de Ruthie d'Aussurucq, et de Marguerite de Troisvilles,
sa seconde femme, archer français de la garde du corps du roi, sous la charge
de Joachim de La Châtre, seigneur et baron de La Maisonfort et de Nançay,
conseiller et chambellan du roi, de 1526 à 1543; il épousa vers 1530 Jeanne de
Jaurgain, petite-fille et héritière de noble Gracian, seigneur de Jaurgain
d'Ossas, encore vivant le 2 janvier 1545. — « Noble homme Johan de Ruthie,
loctenent de Mauleon et senhor de Jaurganh d'Ossas », et honorable homme
Mᵉ Menaud de Muret, procureur du roi en Soule, furent nommés exécuteurs
testamentaires par vénérable mossen Raymond de Ruthie, sacristain d'Aussurucq, le 10 avril 1540. Le 28 décembre 1545, au château de Mauléon, Jehannot
de Ruthie fit montre de onze hommes de guerre mortes-payes entretenus pour
la garde, défense et sûreté dudit château, sous la charge de messire Jean de
Tardets, seigneur de Ruthie, gentilhomme de la chambre du roi, gouverneur et
capitaine dudit Mauléon, pour les quartiers de juillet, août, septembre, octobre,
novembre et décembre 1545, à l'acquit de Martin d'Oyhenart, trésorier et
payeur pour le roi, savoir : ledit Jehannot de Ruthie, lieutenant, Pierre-Arnaud
de Rutigoïty, Gracian de Berterèche de Menditte, Pétrissantz de La Salle
d'Abense, Guillaume d'Etchebarne d'Alçabéhéty, Menaud de Muret, Sanzoton
de Muret, Jean-Raymond de Salles, Jacques de Berraute, Jacques d'Uhart et
François de Herville (*Fonds français*, 25793, nᵒ 552). Il mourut avant le
21 septembre 1550, ayant eu de son mariage : 1º Bertrand de Jaurgain (en
Soule, les enfants d'une héritière prenaient les nom et armes de leur mère),
arquebusier dans une compagnie de trois cents hommes de guerre à pied, aventuriers français et gascons, sous la charge du seigneur de Châtillon, chevalier de
l'ordre du roi, et du sieur Soley, capitaine particulier, à Metz, le 3 mai 1552
(*Clairambault*, vol. 256, nᵒ 1437), tué quelques jours plus tard à la défense de
cette ville assiégée par Charles-Quint; 2º et Jeanne de Jaurgain, héritière de
son frère, mariée avant le 3 novembre 1552 à Martin dit Machin de Rutigoïty,
homme d'armes de la compagnie de François de Vendôme, vidame de Chartres,
chevalier de l'ordre du roi, à Fontenay-le-Comte, le 26 avril 1553 (*Fonds français*, 21521, nᵒ 1537), fils de noble Pierre-Arnaud, seigneur de Rutigoïty de

deu rey en Soule, mestre Menand de Muret; scindic du pays, mestre Johan de Chugarry; official, mossen Arnaud de Lassart [1].

Deffault o utilité.

Deffault descendent de procès, o tel proffit et utilité que de raison, a esté baillé par nous, Raimond de la Forquie, conseiller en la court de la seneschaussée de Guyene, expediant les causes d'icelle en absence des lieutenants general et particulier, à maistre Guillaume de Chebarne, inthimé, comparant par maistre Jehan Sirizier, substitut de la Chausse, à l'encontre de maistre Pierre d'Agorrondo, appelant du cappitaine de Mauleon de Solle et juges de la court de Lixarre, qui s'est deffailly, [en] audience, à haulte voix, par le greffier de la court de ladicte seneschaussée ou son commis. Si donnons en mandement au premier sergent royal ordonné en ladicte seneschaussée, sur ce requis, salut, qu'il adjourne bien et deuement ledict d'Agorrondo à comparoir, à certain et compectant jour, en la court de la seneschaussée de Guyene, à Bordeaulx, pour veoir adjuger le profit et utilité dudict deffault audict de Chevarne et autrement proceder comme de raison, de ce faire vous donnons pouvoir en nous faisant de voz exploits rela-

Lichans et de Gorritépé d'Alçabéhéty, et de Marguerite d'Armendarits-Sanguis, et frère germain de Pierre, seigneur de Rutigoïty et de Gorritépé, chevalier de l'ordre du roi, gentilhomme ordinaire de sa chambre, capitaine d'une compagnie de çent chevau-légers et grand chambellan de Lorraine. Se trouvant en Soule, Martin de Rutigoïty assista, comme seigneur de Jaurgain d'Ossas, à une assemblée de la noblesse, le 3 novembre 1552, et fut tué en 1569, pendant les guerres de religion, étant lieutenant de la compagnie de gens d'armes de Charles, baron de Luxe, chevalier de l'ordre du roi et son lieutenant général au gouvernement de Soule, qui, plus tard, épousa l'une de ses filles, Marie de Rutigoïty, héritière de Jaurgain.

[1] On trouve dans un registre des archives municipales de Mauléon (Décès de 1709 à 1742), la mention d'une autre inondation qui désola la ville au XVIIIe siècle : « L'an mil sept cens trente deux et le trente du mois d'aoust, entre midy et une heure, il est arrivé à Mauleon un deluge si extraordinaire, que la tradition nous enseigne qu'il n'y en a pas eu un pareil après le déluge universel. La rivière de Mauleon, appellée rivière de Saison, etoit si debordée, qu'elle entouroit presque de toute part la borde de Berraute; c'est dans cette inondation que Simon de Mauhourat, d'Oloron, marchand à Mauleon, restant dans la maison de Poeydevant, a peri sous la ruine de la maison de Poeydevant qui a été enlevée par cette inondation. — Signé : BERTRIS SAINT-CRICQ, curé; D'ETCHECAPAR, vicaire ».

tion. Donné et faict en jugement en la court de la seneschaussée de Guiene teneue à Bordeaulx, par nous conseiller susdit, ce v^e de juin mil v^c quarante cinq. Par commandement de monseigneur le lieutenant de ladicte court. — Paraphe.

FIN.

TABLE ANALYTIQUE.

A

confirme les privilèges des Souletins, VIII.

Aquitaine (Primat d'), 31.

ARABÉHÈRE, d'Aussurucq (Guixarnaud d'), notaire, 15. — (Marguerite dite Margot d'), servante de
Charles, bâtard de Ruthie, 23.

Aragon, 14.

Aragonais (Les) entrent en Béarn,
commettent des dégâts autour d'Oloron et y font des prisonniers qu'ils
emmènent à Mauléon, 33 ; — se
retirent au bout de deux jours, et
quelques-uns sont mis en déroute
par les habitants de Montory et
d'Urdaix, 33-34.

Arangoïs, maison noble dans la baronnie de Luxe, 7, 32. — Voy. TARDETS.

Arbaille (Déguerie de l'), 21 24.

ARBIDE DE JUXUE (Guillaume-Arnaud,
seigneur d') et de la Salle de
Gotein, V.

Arbide, maison noble à Juxue, en
Basse-Navarre, 7.

Arbonne, paroisse du diocèse de Bayonne, en Labourd, 4.

Arhan, 24.

Arhanchet, maison à Mauléon, 38.

ARIOU (Jean d'), 29.

Armagnac (Sénéchal d'), 29.

ARMENDARITS-SAUGUIS (Marguerite d'),
femme de Pierre-Arnaud, seigneur
de Rutigoïty, 38.

ARNAUTGASSIOT (Gracianne d'), femme
d'Arnaud-Sanz de Muret, notaire, 6.

Arnautoix, maison à Mauléon, 38.

AROSTÉGUY (Martin d'), homme de
guerre, 35.

Aroue, 26. — (Déguerie d'), 21, 26.

ARPAJON (Guy d'), vicomte de Lautrec, sire de Séverac, baron d'Arpajon et de Caumont, châtelain de
Mauléon et gouverneur de Soule,
favorise la faction de Gramont, 10.

ARRAING (Guilhemet d'), 10. — (Pierre Ier d'), sr de Pierrès, notaire,
bailli royal de Mauléon, procureur
du roi, V, 9 ; — contumax et banni,
comme partisan du baron de Luxe,
10 (notice) ; — sa maison est rasée,

11 ; — procureur du roi, 15, 23 ; —
meurt, ainsi que sa femme, d'une
maladie étrange et inconnue, 28. —
(Pierre II d'), sr de Pierrès, notaire
et jurat de Mauléon, VI, 3, 8 ; —
fait son testament et meurt le même
jour que sa seconde femme, 23
(notice). — (Sanz d'), notaire et
greffier de la cour de Licharre, bailli
royal de Mauléon, puis lieutenant
de robe longue, 15, 23. — (Gracianne d'), femme de Sanzoton de
Muret, 23. — (Enecot d'), curé de
Lohitzun, 23. — (Jeanne d'), femme
de Jacques d'Uhart, 23. — (Saurine
d'), femme de Guicharnaud de Carlaing, dit Lurbes, 23. — (Menaud
d'), catholique, lieutenant de robe
longue, dépossédé de sa charge par
Gérard de Bélac, huguenot, 6. —
(Jean d'), sr du Balester, 8. — (Bernard d'), sr du Balester, 3, 8 (notice).
— (Pierre d') du Balester, marchand à Bordeaux, 8. — (Gracianne d'), femme de Jean de
Gordo, 3 (notice). — (Archives de
la famille d'), VI.

Arrast, 25.

ARROS (Le baron), en Béarn, aide
Henri II, roi de Navarre, dans son
évasion du château de Pavie, 37.

ARZAC (Marquette, héritière d'), en la
sénéchaussée des Lannes (aujour-
d'hui *Arzacq*), femme de Jean, seigneur d'Espès, 7.

Asti (Comté d'), 30.

Athaguy (Manoir d'), ancienne maison noble à Alçay, VI.

Atherey, 24.

AUGA (Mathieu, seigneur d') et d'Izos,
en Béarn, 7. — (Pierre, seigneur d'),
capitaine, épouse Bernèse, héritière
d'Espès, 8.

AUGIRART (Jean), notaire au Châtelet
de Paris, 7.

AULA, voyez SALLE (La).

Aussurucq, 24, 25. — (Cure d'), 4. —
(Sacristie d'), 38.

Auterrive, seigneurie en Béarn, 31.

AVILA (Diego d'), capitaine espagnol,

CORRECTIONS.

Page XII, note 1, lignes 9 et 12 : *au lieu de* baïle, *lisez* baile.

Page XII, note 2, ligne 1 : zainu, *prononcez* zaignu ; s'écrit avec un *n tilde*.

Page 2, note 5, ligne 7 : *au lieu de* Ordiap, *lisez* Ordiarp.

Page 5, note 4, ligne 1 : *au lieu de* Sans d'Oix, *lisez* Sanz d'Ohix.

Page 5, note 9, ligne 6 : *au lieu de* Sauz, *lisez* Sanz.

Page 6, note 4, ligne 8 : *au lieu de* Pétrissautz, *lisez* Pétrissantz.

Page 7, note 1, ligne 18 : *au lieu de* Jeanne de Ruthie, *lisez* Jeanne d'Espès.

Page 29, note 1, ligne 15, et note 2, ligne 1 : Logrono, *prononcez* Logrogno ; s'écrit avec un *n tilde*.

Page 33, suite de la note de la page précédente, ligne 39 : Goni, *prononcez* Gogni ; s'écrit avec un *n tilde*.

Page 36, suite de la note de la page précédente, ligne 10 : Inigo, *prononcez* Ignigo, avec *n tilde*.

www.ingramcontent.com/pod-product-compliance
Lightning Source LLC
LaVergne TN
LVHW022019080426
835513LV00009B/792